Geheimnisse der
KABBALA

Jeremy Rosen

Geheimnisse der
KABBALA

Texte und Symbole der
jüdischen Mystik

GERSTENBERG

**Für jeden, der ein guter Mensch sein möchte
und die Welt ein kleines Stück verbessern will.**

Titel der Originalausgabe
KABBALAH INSPIRATIONS

Conceived, created and designed by Duncan Baird Publishers Ltd.
All Rights Reserved
Copyright © Duncan Baird Publishers Ltd 2005
Text Copyright © Jeremy Rosen 2005
Copyright © der deutschen Übersetzung 2006
Patmos Verlag GmbH & Co. KG, Düsseldorf
Commissioned Artwork Copyright © Duncan Baird Publishers Ltd 2005
For copyright in the photographs see acknowledgement pages,
which are to be regarded as an extension of this copyright

Übersetzung aus dem Englischen: Matthias Hackemann

Copyright für diese Ausgabe
© 2010 Gerstenberg Verlag, Hildesheim
Alle Rechte vorbehalten
Printed in Malaysia

ISBN 978-3-8369-2631-7

www.gerstenberg-verlag.de

»Zehn ist die Anzahl der mystischen Sephiroth,

zehn und nicht neun, zehn und nicht elf.

Merke dir diese Weisheit und bedenke sie gut.

Erforsche diese Zahlen genau und ziehe Wissen aus ihnen.

Folge der Form in ihrer Reinheit,

und du wirst vor den Schöpfer auf seinem Thron gelangen.«

SEFER JEZIRA 1.4

INHALT

Einleitung: Jüdische Mystik

Das hebräische Wort »Kabbala« bedeutet soviel wie »empfangen« oder »Überlieferung«. Allgemein bezeichnet es die jüdische Mystik, wie es sie seit biblischer Zeit gibt. Spezieller versteht man darunter aber die im Mittelalter aufgekommene Literatur über verborgene Botschaften in der *Bibel*, die offenbaren, wie man durch heilige Energien in direkten Kontakt mit Gott treten kann.

Einige Kabbalisten sehen den Weg zur Gemeinschaft mit Gott vor allem in Studium und Theorie, andere in Praktiken wie Meditation oder Fasten: Diese sollen uns von weltlichen Dingen frei machen und das Leben auf die Seele ausrichten. Alle Kabbalisten aber sehen die Sprache als Mittel zur Verbindung mit Gott an. Denn in der *Genesis* sind die hebräischen Wörter Gottes Instrumente der Schöpfung.

BIBLISCHE ANFÄNGE

Die Wurzeln der Kabbala reichen bis zu den Propheten der *Bibel* zurück. In Visionen suchten schon Abraham, Isaak, Jakob und Moses Gott zu erkennen: Moses bat den Herrn, ihm sein Gesicht zu zeigen, doch erhielt er die Antwort, er könne nur seinen »Rücken« sehen (Kasten rechts). Das zeigt, wie schwer

> *Und der HERR sprach weiter: Siehe, es ist ein Raum bei mir, da sollst du auf dem Fels stehen. Wenn dann meine Herrlichkeit vorübergeht, will ich dich in die Felskluft stellen und meine Hand über dir halten, bis ich vorübergegangen bin. Dann will ich meine Hand von dir tun, und du darfst hinter mir her sehen; aber mein Angesicht kann man nicht sehen.*
>
> **EXODUS 33,20**

diese Erkenntnis zu erlangen ist: Wir können nur göttliches Wirken, aber nicht Gott in seiner Gänze erblicken – bis wir die Welt des reinen Geistes erreicht haben.

Babylon zwang die Juden 586 v. Chr. ins Exil und zerstörte den von Salomon für die Bundeslade gebauten Tempel. Aber die Vertreibung führte zu einer neuen Blüte des jüdischen Geisteslebens. So hatte der Prophet Ezechiel eine eindrucksvolle Vision des göttlichen Thronwagens, der spätere Mystiker stark beeinflusste. Als die Israeliten 538 v. Chr. heimkehrten, wurde die formale Religion wieder etabliert. Aber neben ihr entstanden auch weniger starre Formen von Gottesdienst und Lehre. Durch Sekten und innovative Rabbinerschulen kam es zu Glaubenskonflikten mit der etablierten Priesterschaft. Um die Zeitenwende kam es

Torah und Talmud

Die beiden Hauptquellen der jüdischen Religion sind die *Torah* und der *Talmud*. Das Wort *Torah* bezeichnete ursprünglich die ersten fünf Bücher der *Bibel*, die man auch *Die fünf Bücher Mose* oder *Pentateuch* nennt. Diese gelten als die grundlegende Offenbarung, die Moses auf dem Berg Sinai erhielt. Mit der Zeit wurde die *Torah* zu einem Begriff, der allgemein die ethischen und rituellen Gebote dieser fünf Bücher sowie die ihnen gemäße jüdische Lebensweise beschreibt.

Die ursprüngliche Offenbarung in der *Torah* nennt man das »Geschriebene Gesetz«. Da dieses über Generationen hinweg ausgeweitet und interpretiert wurde, enstand die Tradition des »Mündlichen Gesetzes«, dessen Inhalt schließlich im *Talmud* niedergeschrieben wurde.

Der *Talmud* ist nach der *Bibel* das wichtigste und maßgeblichste Dokument des Judentums. Der Text gliedert sich in zwei Hauptteile: die *Mischna*, etwa 200 n. Chr. von Rabbi Juda, dem Prinzen, in Israel zusammengestellt; und die ca. 500 n. Chr. vollendete *Gemara*, welche wiederum die *Mischna* bespricht und kommentiert.

Genauer gesagt gibt es zwei Fassungen des *Talmud*: den Jerusalemer *Talmud* und den etwas späteren babylonischen *Talmud*. Beide sind nach ihrem Abfassungsort benannt. Mit dem *Talmud* wird aber im Allgemeinen der babylonische *Talmud* bezeichnet, da er der bedeutendere der beiden ist.

dann, trotz vieler Unruhen, zu einer Blüte des Judentums, besonders seiner mystischen Ideen.

DIE ÄRA DES TALMUD

Der *Talmud* enthält die Ideen und Bräuche des Judentums während der ersten tausend nachbiblischen Jahre. Die Rabbiner dieser Zeit waren hauptsächlich um die Bewahrung der religiösen Kernaussagen bemüht. Doch einige suchten in der *Torah* nach *Nistar*, »verborgenen Ideen« – ein Wort, das auch das »verborgene Wesen Gottes« bezeichnet. Der *Talmud* enthält mit *Ma'aseh Merkaba* (Geheimnisse des Thronwagens) und *Ma'aseh Bereischit* (Geheimnisse der Schöpfung) auch esoterische Themen.

Der *Talmud* nennt auch viele Wundertäter, die wichtigste Persönlichkeit aber ist eindeutig Rabbi Schimon Ben Jochai – für viele die Personifikation tiefgründiger Mystik. Ihm wurde später ein zentrales kabbalistisches Werk zugeschrieben: der *Sohar* (*Glanz*).

DAS BUCH DER FORMUNG

70 n. Chr. eroberten die Römer Jerusalem und zerstörten den Zweiten Tempel. Zwar gewannen die Juden die Stadt zurück, doch erlebte sie im Anschluss daran einen moralischen Verfall. Einige Gelehrte ließen sich daraufhin mit ihren Anhängern am Toten Meer nieder, wo sie die mystische Tradition fortsetzten und den *Sefer Jezira* (*Buch der Formung*) verfassten. In ihm werden erstmals kabbalistische Ideen beschrieben.

MITTELALTER

Im 12. und 13. Jahrhundert ereigneten sich in Europa vielfach Judenpogrome. Doch führte dies letztlich zu einer Epoche jüdischer Kreativität: Die *Chasidei Aschkenaz* (die deutschen Chassiden) entwickelten Bräuche und Praktiken, die Frömmigkeit, Besinnlichkeit und Ekstase stärkten: Eine neue Art von Mystik breitete sich aus.

Je stärker das Christentum seine Überlegenheit mit Mitteln der Philosophie zu beweisen suchte, desto mehr zogen sich die Juden in die Mystik zurück, um ihr geistiges Erbe zu bewahren. Im 13. Jahrhundert verbreitete sich die Lehre der *Chasidei Aschkenaz* in Frankreich und Spanien, wo neue Werke enstanden, z. B. der *Bahir* (*Buch des*

Lichts) und der *Sohar* (*Glanz*). Letzterer, eine Sammlung von Monologen und Kommentaren zur *Torah*, ist das meistverbreitete Buch der Kabbala.

Als das Leben für die Juden in Spanien unsicher wurde, war die nicht-rationale Welt für viele ein tröstlicher Zufluchtsort. Einige Mystiker forderten aber die Gefahr geradezu heraus, indem sie den Messianismus predigten – dass ein Erlöser die Juden in Jerusalem versammle und ein Königreich des Friedens auf Erden gründe.

DER NAHE OSTEN

1492 wurden die Juden aus Spanien vertrieben. Viele bedeutende Gelehrte und Mystiker zogen nach Italien, von dort aus weiter nach Griechenland, in die Türkei und schließlich nach Safed: Diese Stadt in Galiläa wurde zum Zentrum kabbalistischer Erneuerung. Moses Cordovero, Isaak Luria, Chaim Vital und andere entwickelten bestehende kabbalistische Ideen weiter und kombinierten sie mit neuen ekstatischen Praktiken. Sie machten die Kabbala zu einem populären Mittel, zu Gott zu gelangen und ein erfüllteres geistiges Leben zu führen. Da sie das praktische Erleben über die theoretische Lehre stellten, gewannen sie auch viele nicht-akademische Anhänger.

Doch schnell machten sich einige Sekten die Kabbala als eine Art magischen Aberglauben zunutze, wodurch sie die Mystik bei den meisten Juden diskreditierten. In Westeuropa verlor die Kabbala zudem im Zuge der Aufklärung an Einfluss.

»Eine Frau hat die mystische Fähigkeit, die verborgene Seele eines Mannes zu enthüllen. Sie kann der Seele des Mannes tiefere Dimensionen von Freude und Leid hinzufügen, die die Quellen seines inneren Wesens offenbaren [...] Wenn eine solche Frau aber fehlt, muss an ihrer Stelle der mystische Geist tätig werden, um dasselbe Ziel zu erreichen.«

ABRAHAM ISAAK KOOK (1865–1935), DIE LICHTER DER TORAH

NEUE BLÜTE

Im 18. Jahrhundert gewann die Kabbala durch den Chassidismus in Osteuropa wieder stark an Bedeutung: Der Baal Schem Tow machte Lurias Ideen so populär, dass sich die Kabbala weitgehend etablierte. Die frühen chassidischen Meister verkörperten die freie, experimentelle Haltung der Mystiker von Safed. Aber bald hatte der Chassidismus seinen innovativen, gegen die institutionalisierten Autoritäten gerichteten Charakter verloren und wurde in die streng formale Orthodoxie eingebunden. Einige Gelehrte bewahrten jedoch die mystische Tradition, sowohl durch schriftliche Tätigkeit als auch durch gelebte Praxis. In den ärmeren und weniger gebildeten jüdischen Gemeinden beherrschte die authentische Kabbala schließlich wieder das religiöse Leben.

Besonders in Nordafrika assoziierte man ihre Praktiken vor allem mit Heilkunde und »Wunder-Rabbinern« – so wurde die Kabbala dort erneut ein Instrument des Aberglaubens.

DIE KABBALA HEUTE

Mit der Zeit nahm der *Sohar* einen der talmudischen Literatur vergleichbaren kanonischen Status ein. Zwar wurden viele kabbalistische Übungen und Meditationen nur von wenigen Gelehrten bewahrt, aber der Einfluss der Kabbala auf das heutige praktische und liturgische Leben der Juden ist enorm.

Warum ist die Kabbala so beliebt geworden? Viele Menschen der westlichen Welt haben begonnen, sich vom rein rationalen, wissenschaftlichen Denken abzuwenden. Denn die technische Entwicklung hat sich in moralischen und geistigen Fragen als nutzlos erwiesen. Daher suchen viele nach neuen Wegen, dem Leben und seinen Anforderungen zu begegnen. Weil die Menschen zudem individueller und experimenteller geworden sind, haben die etablierten monotheistischen Religionen viele Anhänger verloren. Charismatische Alternativen und östliche Traditionen sind populärer denn je.

Das gilt auch für die Kabbala: Ihre traditionelle Ablehnung von Autorität zieht jene an, die eine streng formale Religion befremdet. Andere wiederum sind von den Gemeinsamkeiten der Kabbala mit östlichen Denkmustern in Bezug auf Selbstverwirklichung und Heilung fasziniert. Und nicht zuletzt bietet die Mystik der Kabbala in ihrer authentischen Form dem Menschen ein seelisch erfülltes Leben.

Das hebräische Alphabet

Das hebräische Alphabet besteht aus 22 Zeichen, die jeweils auch einen Zahlwert haben. Für die Mystiker sind sie Instrumente der Schöpfung: Über sie zu meditieren, ermöglicht den Dialog mit Gott.

Das Hebräische vermittelt Inhalte auf mehreren Ebenen. Zum einen durch die Buchstabenform: *Aleph* z. B. besteht aus einem *Waw* mit zwei *Jodh* und verweist so auf den Namen Gottes, den *Jodh*, *He* und *Waw* bilden. Auf der Ebene der Wortsymbolik enthält *AMT*, »Wahrheit«, den ersten, mittleren und letzten Buchstaben des Alphabets: So verkörpert es die »allumfassende Wahrheit«.

Mystiker beschäftigten sich zudem mit der Polarität »einfacher« und »doppelter« Laute. Erstere werden stets gleich gesprochen und gelten als stabile Bausteine der Schöpfung. Letztere, je nach Umgebung stimmlos oder -haft, symbolisieren hingegen die maskuline und feminine Seite Gottes. Und die Kabbala erkannte in den »Mutterbuchstaben« die Elemente der Schöpfung.

BUCHSTABE	NAME	UMSCHRIFT	ZAHLWERT	ART
א	Aleph	A,E,I	1	Mutter
ב	Beth	B	2	doppelt
ג	Gimel	G	3	doppelt
ד	Daleth	D	4	doppelt
ה	He	H	5	einfach
ו	Waw	W	6	einfach
ז	Zajin	Z	7	einfach
ח	Heth	H	8	einfach
ט	Teth	T	9	einfach
י	Jodh	J	10	einfach
כ	Kaph	K	20	doppelt
ל	Lamedh	L	30	einfach
מ	Mem	M	40	Mutter
נ	Nun	N	50	einfach
ס	Samekh	S	60	einfach
ע	Ajin	A,E,I	70	einfach
פ	Pe	P	80	doppelt
צ	Sadhe	S	90	einfach
ק	Qoph	Q	100	einfach
ר	Resch	R	200	doppelt
ש	Schin	SCH	300	Mutter
ת	Taw	T	400	doppelt

KAPITEL EINS

BEGEGNUNGEN MIT GOTT

Charismatische Propheten und Mystiker

haben das Judentum geprägt – und das

Fundament eines geheimen Weges gelegt,

der zu direkter Zwiesprache mit Gott führt.

Vollendet wurde dieser Weg durch ein

komplexes mystisches System: die Kabbala.

Die Väter der Kabbala

Die biblischen »Väter« der Kabbala – Abraham, Isaak, Jakob und Moses – sind sehr unterschiedliche Charaktere. Daher entstand die These, dass sie Gott auf individuelle Weise erlebten und verehrten.

ABRAHAM

Nach der *Bibel* ist Abraham der Gründer der monotheistischen Religion. Er wurde in eine Welt der Götzenverehrung geboren, erkannte aber, dass die Macht eines einzigen Schöpfers das Universum lenkt. Sein Leben lang lehrte er andere, Gottes Nähe zu suchen.

Ein Engel hindert Abraham, seinen Sohn Isaak zu opfern. Pentateuch-Illustration aus dem 13. Jh.

Abraham hatte ein so enges Verhältnis zu seinem Schöpfer, dass er mit ihm über die Zerstörung von Sodom und Gomorra verhandeln konnte: Er zeigte, dass man sich gegen Gott stellen konnte.

Doch trotz seiner Nähe zu Gott war Abrahams Leben keineswegs leicht. Immer wieder stellte Gott seinen Glauben auf die Probe. Als Erstes trug er ihm auf, in ein fernes Land zu ziehen: Das zeigt, dass der Glaube weder eine Antwort noch eine Lösung ist, sondern eine Entdeckungsreise.

Entscheidend für Abrahams Lebensweg aber war Gottes Befehl, ihm seinen Sohn Isaak zu opfern. Dies wirft auch Fragen nach Abrahams Beziehung zu seinem Schöpfer auf: Hat Gott ihm tatsächlich geboten, seinen Sohn zu töten, oder lag hier ein Missverständnis vor? Dieses und andere Probleme beschäf-

tigten später jüdische Mystiker: Wie erreichte Abraham Gott? Welche »Instrumente und Geheimnisse« nutzte er, wie der *Sefer Jezira* (Buch der Formung) fragt.

Wichtig ist aber auch die Rolle Isaaks: Widerspruchslos nahm er sein Schicksal an, geopfert zu werden. Er ist der passive Mystiker, der später »abends auf die Felder ging, um zu meditieren«, und gilt als Begründer der Meditation.

JAKOB

Die *Genesis* erzählt, wie Isaak Rebekka heiratete und sie Zwillinge gebar, Jakob und Esau. Mit einem Trick gelang es Rebekka, dass Isaak Jakob einen für Esau bestimmten Segen gab. Daraufhin wurde Esau so wütend, dass Jakob um sein Leben fliehen musste. Auf der Flucht erschienen ihm im Traum Engel auf einer Leiter (Kasten S. 22), und

> »Jakob zog aus Beerscheba weg und ging nach Haran. Er kam an einen bestimmten Ort, wo er übernachtete, denn die Sonne war untergegangen. [...] Da hatte er einen Traum: Er sah eine Treppe, die auf der Erde stand und bis zum Himmel reichte. Auf ihr stiegen Engel Gottes auf und nieder.«
>
> **GENESIS 28,10**

Gottes Stimme verkündete, er und seine Nachkommen seien gesegnet.

Nach vielen Jahren kehrte Jakob heim, um sich mit Esau auszusöhnen. Da begegnete ihm nachts ein »Mann«, der ihn in einen Kampf verwickelte. Im Morgengrauen wollte der Angreifer fliehen, doch Jakob ließ ihn nicht los, bis der »Mann« ihn segnete: Jakob hatte erkannt, dass es ein Engel war. Dieser gab ihm den Namen Israel: »Der den Kampf mit Mensch und Gott überlebt«.

Die Erzählung ist für die Mystik entscheidend: Sie zeigt, dass der Glaube an Gott ein Ringen beinhaltet, das Körper, Geist und Seele gleichermaßen beansprucht. Jakob war Gott schon vor dieser Begegnung nahe, lebte aber nicht in Frieden. Zudem war er nicht vor den Gefahren der körperlichen Welt gefeit. Wenn wir Gott nahe sein wollen, können wir uns aus dieser Welt nicht zurückziehen: Wir müssen uns körperlich und geistig mit ihr auseinander setzen.

MOSES

Im orthodoxen Judentum ist Moses der Stifter der Gesetze, aber in der mystischen Tradition ist er der Lehrer der Geheimnisse. In der *Bibel* nimmt er eine einzigartige Position als Medium göttlicher Offenbarung ein. Gott spricht mit ihm »von Angesicht zu Angesicht«.

Die *Bibel* kennt sieben verschiedene Namen Gottes, von denen jeder eine andere Seite seiner Göttlichkeit und eine andere Art seines Verhältnisses zu den Menschen bezeichnet. Namen sind wichtige Symbole: nicht nur für das Äußere, sondern auch für das Innere. Das gilt für die Menschen, aber ganz besonders für Gott.

Auf dem Berg Horeb begegnet Moses Gott als brennendem Dornbusch. Feuer symbolisiert die Mystik der Erscheinung.

Als Moses Gott bat, ihm sein Antlitz zu zeigen, sagte Gott, kein Mensch könne ihn sehen und überleben. Daher zeigte er Moses nur seinen »Rücken«. Als Moses Gott dann nach seinem »wesentlichen« Namen fragte, antwortete Gott: »Ich bin der Ich-bin-da.« Wenn Moses diesen Namen verstehen könne, würde er Gottes Wesen begreifen.

Elias

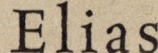

Elias, eine der populärsten Gestalten in der jüdischen Tradition, setzte sich nicht nur für die Armen und Unterdrückten ein: Er war auch ein bedeutender Mystiker, der über heilige Kräfte verfügte.

Das *Buch der Könige* stellt Elias als Wundertäter zur Zeit König Ahabs dar, dessen heidnische Gemahlin Jesebel den Götzendienst für Baal in Israel einführte. Elias forderte die Propheten der Königin heraus, um festzustellen, ob Jahwe oder Baal der wahre Gott sei. Auf dem Berg Karmel boten beide Seiten Opfer dar. Als Elias zu Gott betete, stob Feuer aus dem Himmel und entzündete sein Opfer. Die Anhänger Baals waren geschlagen.

Als Elias starb, erschien ein Feuerwagen, und ein Wirbelwind hob ihn gen Himmel – Bilder, die später eine elementare Rolle in der Darstellung mystischer Vorstellungen spielen. *Talmud* und Kabbala nennen Elias immer wieder Gottes Stellvertreter auf Erden. Im *Talmud* heißt es, wenn er jeden theologischen Disput geklärt habe, werde er die Ankunft des Messias verkünden.

Rechts: Elias flieht nach seinem Sieg in die Wüste, wo ihn Raben verpflegen.

Ezechiel und Daniel

Als die Babylonier das jüdische Volk 586 v. Chr. aus Israel vertrieben, trafen die Juden im Exil auf neue Vorstellungen über das Wesen Gottes, das Leben nach dem Tod und das prophezeite Ende der Welt. Diese Ideen bildeten den Kern neuer mystischer Traditionen.

Das Exil bedeutete nicht nur geographische Entwurzelung. Die Babylonier zerstörten auch den von Salomon für die Bundeslade errichteten Tempel, der für die Juden die wichtigste Verbindung zu Gott darstellte: ein schwerer spiritueller Verlust.

In der babylonischen Gefangenschaft ermahnte der Prophet Ezechiel seine Glaubensbrüder aber, die Hoffnung nicht aufzugeben, und versicherte ihnen die Rückkehr nach Israel. So wie für Moses die Begegnung mit Gott im brennenden Dornbusch das Zeichen war, die Flucht aus Ägypten anzuführen, erlebte Ezechiel in Babylon eine machtvolle Vision Gottes. Deren komplexe Bilder aus Menschen und Tieren, Eis und Blitz sowie den Elementen Luft, Wasser und vor allem Feuer sind in *Ezechiel* 1 eindrucksvoll beschrieben. Die Vision drehte und bewegte sich auf kreisenden Scheiben vor einem Hintergrund aus hämmern-

Daniel

Auch der Prophet Daniel schrieb in Babylon. Dass er sowohl Aramäisch als auch Hebräisch verwendet, zeigt die Auswirkungen der Exils auf das Leben der Juden – ein bedeutender Kulturwandel. Bei Daniel erscheint erstmals die Vorstellung vom Ende der Zeit. In seinem Buch soll sie offensichtlich auf eine unmittelbar bevorstehende Heimkehr aus dem Exil vorausweisen. Doch in den folgenden Generationen wurde Daniels Vision zur Basis apokalyptischer Hoffnungen auf das Ende der Welt, kosmische Erlösung und ein neues, seliges Leben.

den Klängen und blitzenden Lichtern. Schließlich sah Ezechiel eine menschliche Gestalt auf einem Thron aus Saphir, und eine körperlose Stimme sprach zu ihm.

Obwohl manches in Ezechiels Vision, z. B. die Menschen und Tiere, vertraut wirkt, geht deren Gesamtwirkung über jede Vorstellung hinaus. Die wundervolle Sprache, mit der Ezechiel seine Offenbarung beschrieb, wurde zur Terminologie späterer Mystiker, etwa die Bezeichnung des himmlichen Feuers als *Besek* (Blitz) und *Chaschmal* (heute: »Elektrizität«), aber auch die Idee des *Ratsui we Schuw*, einer magnetischen Anziehung und Abstoßung in unserer Beziehung zu Gott.

Das Ende der Zeit

Als die Perser Babylon 538 v. Chr. eroberten, konnten die Juden nach Israel zurückkehren. Das religiöse Leben wurde wiederbelebt, es entstanden neue Formen der Lehre und verschiedene Sekten. Viele warteten auf die Erlösung, das Ende der Zeit und eine neue Welt.

Als das Perserreich an Alexander d. Gr. fiel und dessen Reich wiederum mit seinem Tod 323 v. Chr. auseinander brach, bestand die geistige Reaktion des Judentums auf diese politischen und religiösen Umwälzungen in einer Reihe apokalyptischer Schriften.

Diesen Büchern waren bestimmte Themen gemeinsam: Der Sturz der Welt ins Chaos; Kämpfe zwischen Gut und Böse; ein aus der Wüste kommender Messias, der die Menschheit rettet –

doch nur durch religiöse Selbstdisziplin und richtiges Verhalten würde der Einzelne dann überleben und die neue, von Gottes Geist erfüllte Welt erleben.

Das später verfasste Buch *Enoch* ist nach jener biblischen Figur benannt, die Gott von der Erde auf eine höhere Stufe geistiger Existenz entrückte. Das Buch behandelt Himmelskreise sowie -ebenen und will mit den dabei aufgestellten Regeln die Religiosität und damit die Nähe zu Gott fördern.

Himmelshallen und göttliche Menschen

Vor rund 2000 Jahren entstanden zwei Arten mystischer Texte: Die *Hekalot*-Literatur beschäftigte sich mit den »Himmelshallen«; die *Schiur-Koma*-Schriften hingegen mit der Natur des Menschen und seiner Beziehung zu Gott, der ihn nach seinem Bild erschaffen hatte.

Im Makkabäer-Aufstand 167 v. Chr. erhoben sich die Juden gegen die Griechen und eroberten Jerusalem zurück. Doch der moralische Verfall der herrschenden Klasse veranlasste viele Gläubige, sich an das Tote Meer zurückzuziehen, wo sie Sekten gründeten und wichtige mystische Literatur schufen.

In dieser wurde das zeitgenössische Interesse an Astronomie und Astrologie aufgegriffen: Wer die Himmelskörper, also die *Hekalot* (Himmelshallen), Gottes Residenz, studiere, könne Gott näher kommen und verstehen, wie man dessen Macht einsetzen könne, um das Leben auf Erden zu verändern.

In der *Schiur-Koma*-Literatur beschäftigten sich die erwähnten Sekten mit dem Menschen selbst: Wenn dieser nach Gottes Bild geschaffen sei, könnten genauere Kenntnisse über den Menschen auch zu einem besseren Verständnis der Natur Gottes führen. Von Juden, die diese Inhalte studieren wollten, erwartete man, dass sie bereits ein der *Torah* gemäßes, auf die Seele ausgerichtetes Leben führten. Einige Gelehrte wollten aber eine höhere Ebene geistiger Existenz erreichen und begannen, tiefer in die Geheimnisse von Himmel und Erde einzudringen.

THRONWAGEN & SCHÖPFUNG

Der *Talmud* besteht aus der *Mischna* (ca. 200 n. Chr.) und der *Gemara* (ca. 500 n. Chr.). Er enthält die jüdischen Gedanken des nachbiblischen Jahrtau-

Engel bewachen die sieben Himmelshallen der Hekalot-Literatur und lassen nur hinein, wer die Geheimformel kennt.

sends und diskutiert u. a. zwei mystische Themen: *Ma'aseh Merkaba* und *Ma'aseh Bereischit*, die beide dem zeitgenössischen griechischen Rationalismus bewusst entgegengesetzt sind.

Ma'aseh Merkaba (Geheimnisse des Thronwagens) enthält Spekulationen über das wahre Wesen Gottes, die vor allem auf Ezechiels Beschreibung des göttlichen Thronwagens (siehe Kasten gegenüber) basieren. Angeblich sind in dieser Darstellung Geheimnisse darüber verborgen, wie Leben erschaffen und Wunder bewirkt werden können.

Thema der *Ma'aseh Bereischit* (Geheimnisse der Schöpfung) ist dagegen

Ezechiels Vision des Thronwagens. Illustration zu einem Kommentar zum Buch Hiob (ca. 945 n. Chr.).

»Und ich sah, und siehe, es kam ein ungestümer Wind von Norden her, eine mächtige Wolke und loderndes Feuer, und Glanz war rings um sie her, und mitten im Feuer war es wie blinkendes Kupfer. Und mitten darin war etwas wie vier Gestalten; die waren anzusehen wie Menschen. Und jede von ihnen hatte vier Angesichter und vier Flügel.«

EZECHIEL 1,4

das Wesen des Universums. Schwerpunkt dieser Spekulation ist die *Genesis* mit den in ihr versteckten Botschaften. Wichtigster Text dieser Tradition ist der *Sefer Jezira* (200 n. Chr. oder später).

Der *Talmud* enthält viele Geschichten über Wundertäter, Propheten und Mystiker. Aber als Meister der *Ma'aseh Merkaba* und *Ma'aseh Bereischit* ragt Rabbi Schimon Ben Jochai heraus: Er war nicht nur ein tiefgründiger Mystiker, sondern auch ein entschlossener Prophet, trotz römischer Gesetze gegen die Verbreitung »subversiven Gedankengutes«.

Weil Schimon sich den Magistraten widersetzte, musste er sich mit seinem Sohn, wie einst Elias, jahrelang in einer Höhle verstecken. Dort erlangten beide solche Erleuchtung, dass es ihnen schwer fiel, sich nach dem Ende ihres Exils wieder an die weltliche Lebensweise ihrer Zeitgenossen zu gewöhnen.

KAPITEL ZWEI

DIE ENTSTEHUNG DER KABBALA

Was wir heute Kabbala nennen, ist ein theoretisches und literarisches Corpus, das vor rund 1000 Jahren in Katalonien und in der Provence entstand. Die Voraussetzung für ihre Entwicklung – und ihr richtiges Verständnis – sind und waren alte mystische Ideen und religiöse Quellen.

Der Sefer Jezira

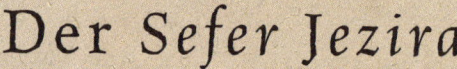

Der *Sefer Jezira* (Buch der Formung) ist der wichtigste Text der frühen Kabbala. Er enthält die grundlegenden mystischen Ideen und Auffassungen der Bewegung, etwa die Vorstellung von den *Sephiroth*.

Im *Talmud* wird einmal auf ein »Buch der Formung« verwiesen, das das Geheimnis enthalte, wie Leben geschaffen wird. Dieser Hinweis war wohl die Anregung für den *Sefer Jezira*.

Autor und Abfassungszeit des *Sefer Jezira* sind unbekannt, aber anhand seiner Wortwahl datiert man es später als den *Talmud*. Im Schlusskapitel heißt es, die Geheimnisse des Universums, die in diesem Buch enthalten sind, habe ein Engel Abraham anvertraut. Um 1000 n. Chr. wurde der *Sefer Jezira* öfter gelesen und häufiger kommentiert als jeder andere mystische Text.

WÖRTER UND ZAHLEN

Das Buch beginnt mit der Erklärung, die Welt existiere auf drei Ebenen: derjenigen der Schrift, der Sprache und der Zahlen. Im Hebräischen haben alle drei Wörter dieselbe Wurzel: *SPR*. Diese Ebenen bieten unterschiedliche, aber miteinander verflochtene Wege, die geistige und körperliche Welt sowohl zu beschreiben als auch zu verstehen.

Schrift bezieht sich dabei auf die hebräischen Zeichen, mit denen die *Torah* offenbart worden ist. Da jeder hebräische Buchstabe auch einen numerischen Wert hat, kann jedes Wort als Zeichen geschrieben, als Klang gesprochen und als Zahl gedacht werden. Die wichtigsten Namen Gottes etwa drehen sich um die Buchstaben *Jodh* und *He* bzw. deren Zahlwerte »5« und »10«.

Zu Beginn der *Genesis*, als Gott die Schöpfung der Welt befiehlt, wird zehn Mal der Ausdruck »Es werde« verwendet. Daher galt die Zehn als entscheidender Hinweis, um verstehen zu können, wie Gott die Welt geschaffen hat.

Ein Engel enthüllt *Abraham* die Geheimnisse der Schöpfung, die im Sefer Jezira niedergeschrieben sind.

DIE SEPHIROTH

Der *Sefer Jezira* enthält als erster Text eine systematische Beschreibung der für das kabbalistische Denken zentralen *Sephiroth*: Wie kann der körperlose Gott mit der körperlichen Welt interagieren? Der *Talmud* erklärt dies mit der *Schechina*, Gottes »Anwesenheit«. Aber die Verbindung des unendlichen und körperlosen Gottes *En Sof* mit der *Schechina* sieht der *Sefer Jezira* in den *Sephiroth*.

Menschen haben verschiedene Eigenschaften, und in gewissem Sinn gilt dies auch für Gott: Die *Sephiroth* sind die zehn Dimensionen seiner Existenz. Der *Sefer Jezira* beschreibt sie als mehrdimensionale Energiequellen.

Die *Sephiroth* sind über hebräische Buchstaben miteinander verknüpft. Die drei Arten der Lettern haben dabei verschiedene Kräfte und Funktionen: für die Verbindung der *Sephiroth*, aber auch für die Schöpfung als Ganzes. Die drei *Mutterbuchstaben* (*Aleph*, *Mem* und *Schin*) sind Stabilisatoren und symbolisieren die Ur-Elemente des Lebens. Die sieben *doppelten* Lettern stellen die Ambiguität der Elemente und die Wechselhaftigkeit dar. Die übrigen 12 *einfachen* Buchstaben repräsentieren die festen Bausteine des Universums.

Der *Sefer Jezira* zeigt, wie die Buchstaben und *Sephiroth* den ganzen Kosmos verbinden, und verknüpft jede *Sephira* und die zu ihr gehörenden Buchstaben mit Himmelskörpern, Engeln, dem Kalender, dem menschlichen Körper, ja, mit jeder Tat und jedem Gedanken: Die Erde ist ein Spiegelbild des Himmels. Und so findet sich Gott überall, auch in jedem intellektuellen, emotionalen und sogar sexuellen Erlebnis.

Meditation über die drei Mütter

Die Mutterbuchstaben bilden die Waage der Gerechtigkeit. *Aleph* ist der Drehpunkt und durchströmt den Körper als Luft. Meditatives Atmen hält Gut und Böse im Gleichgewicht.

Aleph ist die Luft, sie wandert in der Körpermitte auf und ab.

Mem ist das Gute, *Schin* ist das Böse.

Mem ist die Rechte, *Schin* ist die Linke.

Streck die Handflächen aus,

Mem ist die Rechte und *Schin* ist die Linke.

Atme ein und aus.

Halte die Kraft des Bösen und die Kraft des Guten im Gleichgewicht.

Fünf *Sephiroth* auf der Rechten.

Fünf *Sephiroth* auf der Linken.

Atme ein und aus.

Säubere den Körper, reinige den Geist

und steige zum Himmel empor.

Aus Sefer Jezira 2,1 und 3,1

Meditation über die sechs Richtungen

Durch Bewegung können wir die Aura göttlicher Energie besser spüren. Wiederholen Sie folgende Übungen jeweils zehn Mal zu den Namen der *Sephiroth*.

ROM Heben Sie Ihre Arme über den Kopf und halten Sie Ihre Handflächen einander nahe gegenüber. Greifen Sie über das Universum hinaus nach *En Sof*. Senken Sie die Arme wieder.

TACHAT Beugen Sie sich vor, halten Sie Ihre Hände nahe nebeneinander und berühren Sie den Boden. Fühlen Sie die Erde und die Welt der *Schechina*. Richten Sie sich wieder auf.

MIZRACH Legen Sie Ihre Hände an Ihre Hüften und beugen Sie sich so weit wie möglich vor. Richten Sie sich anschließend wieder auf.

MAARAW Legen Sie Ihre Hände an die Hüften und lehnen Sie sich möglichst weit zurück. Richten Sie sich anschließend wieder auf.

DAROM Legen Sie Ihre Hände an Ihre Hüften und drehen Sie den Oberkörper nach rechts. Kehren Sie in die Ausgangsstellung zurück.

ZAFON Legen Sie Ihre Hände an die Hüften und drehen Sie den Oberkörper nach links. Kehren Sie wieder in die Ausgangsstellung zurück.

Von Abulafia auf Grundlage des Sefer Jezira 1,13

Die deutschen Chassiden

Im 12. und 13. Jahrhundert entwickelte eine Gruppe von Mystikern im Rheinland eine extrem asketische Variante des Judentums. Sie wurden als *Chassidei Aschkenaz* (»fromme Deutsche«) bekannt.

Im Mittelalter kam es in vielen Ländern Westeuropas zu Judenpogromen und -vertreibungen. Vor diesem Hintergrund bildete sich in Norddeutschland die Chassiden-Bewegung, die den Härten des Lebens mit stoischer Hinnahme ihrer Leiden, Askese und sogar mit dem Märtyrertod begegnete: Viele zogen diesen einer Zwangskonvertierung oder Hinrichtung vor.

Grundlage für diese Haltung waren Schriften wie der *Chowot ha-Lewawot* (*Pflichten des Herzens*) aus dem 11. Jahrhundert, in dem Bachia Ibn Pakuda die Bedeutung der Selbstbeherrschung für das Streben nach dem Göttlichen erläutert. Die Gedanken der »frommen Deutschen« basierten auf solchen ethischen Auseinandersetzungen mit den Pflichten von Herz und Verstand.

Der *Sefer Chassidim* (*Buch der Frommen*) von Juda Ben Samuel (1150–1217) betont nachdrücklich die Notwendigkeit eines frommen und gottgefälligen

Lebens, um Erleuchtung und Nähe zu Gott zu erlangen. Des Weiteren ermöglichte Kontemplation, genannt *Dewekut* (Eingliederung in das Gute), die direkte geistige Zwiesprache mit ihm.

Diese frühen Chassiden erwarteten in der Ankunft des Messias und im Ende der Zeit die Erlösung aus ihren Leiden. Ihre Vorstellungen waren mit strikter Selbstbeherrschung und -züchtigung verbunden, wodurch eine

Norddeutsche Juden mussten im 12. und 13. Jahrhundert spezielle Kleidung tragen, z. B. konische Hüte.

betont religiöse Atmosphäre entstand. Die *Chassidei Aschkenaz* hinterließen zwar kein größeres Werk mystischer Literatur, interpretierten aber viele traditionelle Quellen neu und legten durch ihre Übungen und ihre Hingabe den Grundstein der praktischen Kabbala.

Der Bahir

Der *Bahir* (*Buch des Lichts*) ist eine weitere einflussreiche Schrift der Kabbala. Sie unterscheidet sich in ihrem Aufbau deutlich von dem *Sefer Jezira*, teilt aber dessen mystische Prämissen.

Der *Bahir* ist zwar im Stil des *Talmud* geschrieben und soll von Rabbi Nechunia Ben HaKana im 1. Jahrhundert n. Chr. verfasst worden sein, doch erschien er erst nach dem *Sefer Jezira*, im 12. Jahrhundert. Er ist weniger systematisch als dieser, eine Kompilation kleiner Lesestücke, in denen Schüler ihren Rabbi um die Erklärung verschiedener Konzepte bitten, vor allem bezüglich der Schöpfung sowie »Gut und Böse«.

Der *Bahir* zeigt Einflüsse der Gnostik, d.h. der Vorstellung von zwei Mächten, die das Universum beherrschen: ein guter Gott sowie eine böse Kraft, die diesen ständig herausfordert. In Anlehnung daran erklärt der *Bahir* das Böse: Da nach jüdischem Glauben aber nichts Gott herausfordern kann, werden die negativen Kräfte als Mittel, nicht als Feinde des Göttlichen aufgefasst. Um ihre Existenz in das jüdische Weltbild einzubinden, modifiziert der *Bahir* die Vorstellung von den *Sephiroth*: Jede von ihnen verkörperte Qualität könne zugleich negativ wie positiv sein.

> Rabbi Rachumai sagte: »Licht war vor dem Universum.« Seine Schüler fragten ihn: »Aber wie kann es sein, dass man vor der Gründung Israels dessen Krone formt?« Er sagte: »Gut, ich werde es erklären. Stellt euch einen König vor, der sich sehnsüchtig einen Sohn wünscht. Er entdeckt eine herrliche Krone und sagt: ›Ich werde sie für meinen Sohn aufbewahren.‹ Man sagt: ›Aber wie weißt du, ob dein Sohn ihrer würdig sein wird?‹ Er antwortet: ›Still! Ich habe mein Universum so erschaffen.‹«

BAHIR 1,16

Der *Bahir* erklärt zudem: Da Gott *Ajin* ist (ohne Substanz), müssen die Menschen *Ajin* werden, um Gott näher zu sein: Bibelstellen zum Thema »Aussenden« legt der *Bahir* so aus, dass man der körperlichen Welt entkommen müsse, um zur Wahrheit zu gelangen. Dies sei nur mit Selbstdisziplin möglich – durch Fasten, Beten und Meditation.

Der *Bahir* behandelt als erste jüdische Schrift ausdrücklich die Seelenwanderung: Als die Vorstellung »gebrauchter« Seelen, mit denen das menschliche Leid erklärt werden kann. Wenn das Erlebte sich teils aus früherer Seelentätigkeit ergibt, sollten wir nicht erwarten, das Dasein nur auf Grundlage der sichtbaren Gegenwart zu verstehen.

Provence und Nordspanien

Im 12. Jahrhundert unternahmen Juden in Südfrankreich und Nordspanien den bewussten Versuch, ein theoretisches und praktisches System zu errichten, das später als die Kabbala bekannt wurde.

Der berühmteste provenzalische Rabbi war Isaak der Blinde (ca. 1160–1236). Dieser meditierte, indem er sich vorstellte, wie die Energie der *Sephiroth* von Gott herabsteige und Körper und Geist durchdringe; ihm schreibt man die heute üblichen Namen der *Sephiroth* zu.

Isaak trennte die Kabbala in einen theoretischen Teil, nämlich die nicht-rationale Betrachtung der Welt, und in einen praktischen, d.h. Übungen und Meditationen, um Gott zu erleben. Dies stand im Gegensatz zu den bestehenden jüdischen Ansichten, nach denen Kraft nur aus dem Studium der *Torah* und ritueller Praxis zu gewinnen sei.

GIRONA UND NACHMANIDES

Isaaks Erkenntnisse stießen in Nordspanien auf großes Interesse. Die dortigen jüdischen Gemeinden waren zu Schriftgelehrten-Zentren geworden, aber in Rationalisten und Mystiker aufgespalten. Erstere folgten den Lehren Maimonides', der im *Führer der Unschlüssigen* das Judentum mit der Philosophie in Einklang zu bringen versuchte. Dagegen hielt der Mystiker Nachmanides (1194–1270) eine auf Philosophie fußende Religion für leblos und zum Scheitern verurteilt.

Nachmanides mied die komplexen Themen der Kabbala. Er schrieb Kommentare zur *Bibel* und zu Maimonides und fügte früheren Auslegungen mystische Dimensionen hinzu. Vor allem aber entwickelte er die Theorie, dass Gottes Gegenwart auf Erden nur durch ein ganzes Volk erfahren werden könne, nicht von Individuen, und dass das Land Israel über eine einzigartige geistige Energie verfüge. Unter Nachmanides' Wirken erlebte die Mystik eine erste Blüte.

Früher kabbalistischer Text aus Nordspanien, den die Wappen von Kastilien und León zieren.

Abraham Abulafia

Die Schriften dieses charismatischen Mystikers haben die Kabbala stark beeinflusst. Er entwickelte erstmals körperliche Übungen und Meditationstechniken als Hilfestellung auf dem Weg zu spiritueller Erleuchtung. Manche hielten ihn sogar für den Messias.

Abraham Abulafia wurde 1240 in Spanien geboren, lebte aber bis zu seinem Tod (ca. 1291) in Italien, Israel und Griechenland. In einem seiner Hauptwerke, *Ohr ha-Sechel* (*Licht des Intellekts*), argumentiert er, dass rationales Denken nur die unterste Stufe zur Erleuchtung sei. Um Gottes Gegenwart aber nicht nur zu erkennen, sondern zu erleben,

Passah-Haggada (14. Jh.). Das Schlüsselwort »aufschreien« ist hervorgehoben.

Morgenmeditation

Vor dem Gebet müssen wir uns reinigen, indem wir unseren Körper waschen und unseren Geist von weltlichen Gedanken befreien. Die Namen der *Sephiroth* stehen auf S. 60.

Setzen Sie sich vor dem Morgengebet mit geradem Rücken hin und denken Sie an nichts. Schließen Sie die Augen und betrachten Sie Ihre Lider von innen. Sie sehen Wolken, Blitze oder Muster, ähnlich dem Chaos der Schöpfung. Stellen Sie sich vor, Geist und Körper zu reinigen.

Atmen Sie tief ein, zählen Sie bis fünf und lassen Sie die Luft langsam ausströmen. Zehn göttliche Atemzüge durchströmen Ihren Körper.

Wiederholen Sie dies zehn Mal. Denken Sie jeweils an den Namen einer anderen *Sephira*.

Beginnen Sie mit *Kether*, dem Kopf, und hören Sie bei *Schechina*, den Füßen, auf. Aber für jede einzelne *Sephira* gilt: Bedenken Sie sie genau.

Am Nachmittag, vor dem *Mincha*-Gebet, wird die Übung wiederholt. Reflektieren Sie, wie Sie den Tag bisher verbrachten. Welche *Sephira* sollte mehr, welche weniger im Vordergrund stehen?

Auch am Abend, vor dem *Maariw*-Gebet, wird die Übung wiederholt. Welche *Sephiroth* haben Sie den Tag über gut eingesetzt, welche nicht?

Von Abulafia, nach dem Sefer Jezira 2,1

Die fünf Bewegungen der Verwandlung

Es gibt eine körperliche und eine geistige Art der Schöpfung. Folgende Übungen, je zehn Mal zu wiederholen, stärken die Erkenntnis, dass beide aufeinander einwirken.

CHACKAK (Schnitzen): Halten Sie die Arme seitlich an Ihren Körper gesenkt. Heben Sie sie allmählich über den Kopf, bis die Handflächen einander gegenüber sind; strecken Sie dabei die Daumen aus. Senken Sie die Hände wieder.

CHAZAW (Hacken): Heben Sie beide Arme über den Kopf. Die Fingerspitzen berühren sich, senken Sie die Arme wie beim Holzhacken.

ZARAF (Schweißen): Strecken Sie Ihre Arme nach vorne. Dann ziehen Sie sie so weit seitlich nach hinten, wie Sie können. Führen Sie sie nun wieder nach vorne zusammen, als ob Sie etwas zusammendrücken, und öffnen Sie sie wieder.

SCHAKAL (Wiegen): Senken Sie die Arme seitlich an Ihren Körper, die Handflächen nach vorne. Führen Sie nun die Hände so, als würden Sie etwas hochheben, bis auf Brusthöhe.

CHEMIR (Tauschen): Strecken Sie die Arme zur Seite, die Handflächen nach vorne. Führen Sie beide Hände gleichzeitig zur jeweils gegenüberliegenden Schulter. Öffnen Sie die Arme wieder.

Von Abulafia, nach dem Sefer Jezira 2,2

müsse man den ganzen Körper in mystische Übungen integrieren.

Im Fokus seiner Arbeit stand das hebräische Alphabet als Medium, zu Gott zu gelangen: Die Meditation über die Form der Buchstaben könne verborgene Fähigkeiten wecken, der Klang ihrer Aussprache sogar die Kommunikationswege zu Gott öffnen.

Abulafia arbeitete auch die Ideen Nachmanides' aus: Mit der Kabbala könne sich nicht nur der Einzelne geistig weiterentwickeln, sie sei auch ein Mittel, um das Böse in der Welt zu tilgen und an den Juden die Wunden des Exils heilen zu lassen.

Abulafias' großer Einfluss brachte ihm aber auch Feinde ein: 1280 ließ ihn Papst Nikolaus III. in Rom verhaften und verurteilte ihn wegen Häresie zum Tode. Vor der Vollstreckung des Urteils verstarb Nikolaus jedoch, und Abulafia wurde freigelassen. Um das Jahr 1290 verfasste er sein letztes Werk, Imre Schefer (*Worte der Schönheit*).

Schlusszeile eines Haggada; übersetzt heißt sie »Nächstes Jahr in Jerusalem.«

Moses de León

Moses Ben Schem Tow de León ist einer der bedeutendsten Kabbalisten. Er wurde um 1250 in León (Kastilien) geboren und machte die Welt auf den *Sohar* aufmerksam.

Moses de León verfasste auf Hebräisch und einer den Mystikern eigenen Form des Aramäischen zahlreiche Werke zur Kabbala. Im *Sefer ha-Rimmon* erklärt er z. B. die mystische Bedeutung der rituellen Gebote der *Torah*, behandelt im *Mischkan ha-'Ejdut* die Seelenwanderung und im *Maskijot Kessef* die Bedeutung der Gebete.

Ab etwa 1290 lebte de León in Guadalajara und veröffentlichte Kapitel einer Schrift mit dem Titel *Sohar* (Glanz). Noch heute ist unklar, ob er diese selbst verfasst oder aus verschiedenen Quellen zusammengestellt hat. Oder ob er damit nur, wie er selbst angab, ein von ihm entdecktes Werk des großen Mystikers Schimon Ben Jochai, der rund tausend Jahre zuvor gelebt hatte, veröffentlichte. De León bestritt jedenfalls, Urheber des Werkes zu sein, aber niemand hat das Original gesehen, und seiner Frau zufolge gab es dieses nie.

Trotz einiger Skeptiker ist der *Sohar* zum wichtigsten Text der jüdischen Mystik geworden, selbst innerhalb der

Orthodoxie. Für viele Rabbiner sind seine religiösen Gedanken und Auslegungen maßgeblicher als die anderer nach-talmudischer Schriften – selbst zu Fragen des jüdischen Gesetzes.

Über die Seelenwanderung sagt der Sohar z. B., dass die Seelen der Gerechten nachts in den Himmel auffahren und Eingebungen empfangen; die anderen bleiben auf der Erde verhaftet. Nach dem Tod richtet Gott alle Seelen und sendet sie wieder in die Welt: Die guten bringen ihre frühere Güte mit sich, die bösen ihre schlechten Erinnerungen.

Josef Gikatilla

Einer von de Leóns bekanntesten Schülern war Joseph Gikatilla (1248 bis ca. 1325), mit dem er äußerst produktiv zusammenarbeitete.

Gikatillas Hauptwerk ist der *Ginat Egoz* (*Nussgarten*) von 1274. Darin formuliert er mit *Seruf* (Fusion) eine Methode, Buchstaben und Töne zu kombinieren, um Gottes »wahre« Namen zu enthüllen und geistige Energie freizusetzen.

Eine weitere Idee Gikatillas war folgende: Die *Sephiroth* stellen Gott dar, und weil der Mensch nach Gottes Abbild erschaffen wurde, verfügt auch er über dessen Eigenschaften. Diese müssen unterstützt werden, damit der Mensch sich voll entwickeln kann. Gikatilla erarbeitete daher auf der Grundlage der *Sephiroth* physische Übungen, die Körper und Geist ins Gleichgewicht bringen sollen.

Der Sohar

Der *Sohar* ist das zentrale Werk der Kabbala und eine der bedeutendsten Schriften des Judentums. Er ist kein magischer, sondern ein richtungweisender, bewusst nicht-rationaler Kommentar der *Torah*.

Der Sohar (Glanz) besteht hauptsächlich aus detaillierten Auslegungen der Fünf Bücher Mose: Genesis, Exodus, Levitikus, Numeri und Deuteronomium. Zudem enthält er mit der Idra Rabba (Große Versammlung), der Idra Suta (Kleine Versammlung) und der Raia Mechemna (Ehrlicher Hirte) drei große »Lesestücke«, zu denen

»Als er anfing, die Welt zu erschaffen, ließ der himmlische König übernatürlichen Glanz aus der Unendlichkeit erstrahlen. Dieser säte eine geheimnisvolle Saat, die einer Seidenraupe gleich einen Palast um sich errichtete. Das ist Elohim, aus dem alles entstand. Daher heißt es ›Der Anfang schuf Gott.‹«

SOHAR I,54A

rund zwölf weitere hinzukommen, die aber je nach Ausgabe variieren. Der *Sohar* ist komplett auf Aramäisch und im Stile von Kurzgeschichten verfasst.

Statt die Aussagen der traditionellen heiligen Schriften dem Wortsinn nach zu behandeln, wird fast alles transzendental ausgelegt. Die lose Abfolge der Themen umfasst unter anderem Folgendes: Rabbi Schimon wandert mit seinen Begleitern durch Galiläa und kommentiert die Menschen, denen sie begegnen; biblische Figuren werden als verschiedene Aspekte Gottes gedeutet; die Sklaverei in Ägypten symbolisiert die Versklavung der Seele im Körper; es gibt kosmische Kämpfe zwischen Gut und Böse; Ablauf und Zeremonien des Laubhüttenfests versinnbildlichen, wie man Gott begegnen soll und dessen Energie auf die Erde lenken kann.

Diese Seite der Barcelona Haggada aus dem 14. Jh. zeigt, wie hebräische Sklaven für den Pharao arbeiteten.

KAPITEL DREI

DER SOHAR: THEORIE & PRAXIS

Der *Sohar* enthält viele verschiedene, bisweilen
widersprüchliche Gedanken. Er ist eher ein
Kompendium als eine systematische Glaubenslehre. Heute nutzen ihn viele Juden als Quelle
der Meditation und Anregung, aber auch als
Grundlage ihrer täglichen Studien.

Emanation und die *Sephiroth*

Seit jeher sucht die Mystik nach einer Erklärung, wie Gott als unkörperliches, unendliches Wesen mit der physischen Welt und den körperlichen, in ihren Fähigkeiten begrenzten Menschen interagieren kann. Die jüdische Mystik erklärt dies durch die *Sephiroth*.

Die Kabbala hat die Theorie der *Sephiroth* immer wieder neu ausgearbeitet. Im *Sohar* findet sich folgende, hier vereinfacht dargestellte Version:

Um Gott zu verstehen, muss man dessen Wesen erkennen. Doch Menschen können nichts, was jenseits ihrer physischen Welt existiert, begreifen. Daher »strahlt Gott aus«: Er gibt sich Formen, die für uns verständlich sind, wenngleich sie nicht sein wahres Wesen zeigen: Die *Sephiroth* sind gewissermaßen wie Radiowellen, die uns Gottes Stimme übermitteln – wenn wir einen geeigneten Empfänger besitzen.

Der *Talmud* nennt diese »Schnittstelle« mit der Menschheit *Schechina* (Gegenwart). Der *Sohar* bezieht *Schechina* aber nur auf eine der zehn *Sephiroth*, aus denen die Verbindung zwischen uns und dem unbegreiflichen *En Sof* ins-

Rechts: Der Lebensbaum, Steinmetzarbeit an einer Synagoge in Prag.

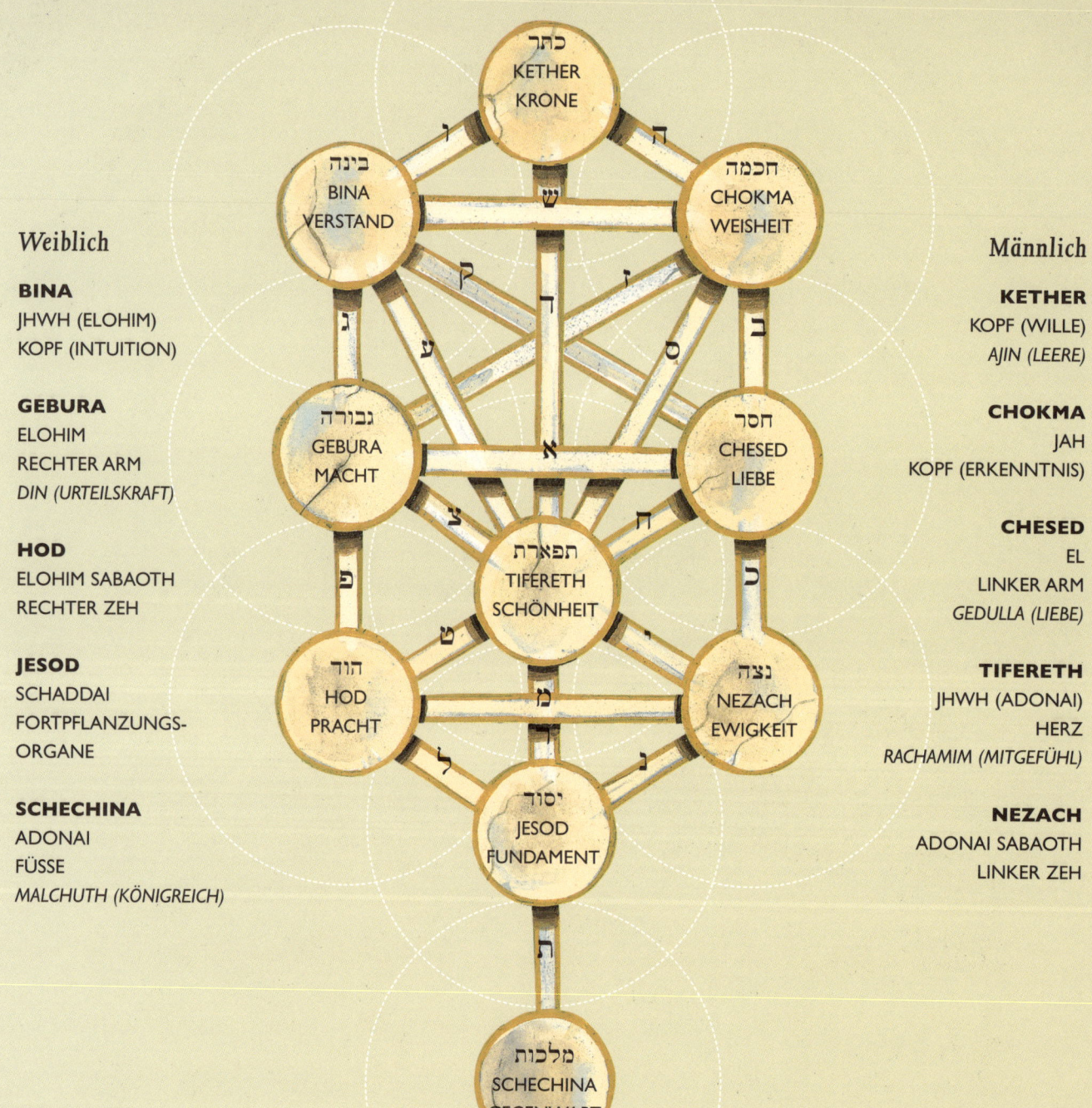

Weiblich

BINA
JHWH (ELOHIM)
KOPF (INTUITION)

GEBURA
ELOHIM
RECHTER ARM
DIN (URTEILSKRAFT)

HOD
ELOHIM SABAOTH
RECHTER ZEH

JESOD
SCHADDAI
FORTPFLANZUNGS-
ORGANE

SCHECHINA
ADONAI
FÜSSE
MALCHUTH (KÖNIGREICH)

Männlich

KETHER
KOPF (WILLE)
AJIN (LEERE)

CHOKMA
JAH
KOPF (ERKENNTNIS)

CHESED
EL
LINKER ARM
GEDULLA (LIEBE)

TIFERETH
JHWH (ADONAI)
HERZ
RACHAMIM (MITGEFÜHL)

NEZACH
ADONAI SABAOTH
LINKER ZEH

gesamt besteht. Die *Sephiroth* sind miteinander, mit Gott und unserer Welt kontinuierlich verbunden.

Die zehn Qualitäten Gottes sind eher Vorstellungen als »Wesen«. Und weil Kabbalisten über deren Namen und Reihenfolge oft uneins sind, hier eine allgemeine Beschreibung: Die Spitze bildet *Kether* (Krone). Ihr folgen *Chokma* (Weisheit) und *Bina* (Verstand). Diese drei besitzen als intellektuelle *Sephiroth* die größte Nähe zum reinen *En Sof*. Die übrigen sieben, angefangen mit *Chesed* (Liebe) und *Gebura* (Macht), stehen in engerer Verbindung zu Gottes körper-

Links: Die Sephiroth als »Lebensbaum« angeordnet. Seitlich sind die Namen Gottes, Körperteile und alternativen Bezeichnungen (kursiv) vermerkt, die mit jeder einzelnen Sephira verbunden sind.

licher Gegenwart. Weiter unten steht *Tifereth* (Schönheit) vor *Nezach* (Ewigkeit) und *Hod* (Pracht). Dann folgt *Jesod* (Fundament) und schließlich *Schechina* (Gegenwart). Die *Sephiroth* teilen sich dabei zur Hälfte in »männliche« und »weibliche«.

Zu jeder *Sephira* gehört genau einer der Namen für die vielen Aspekte Gottes. Und da die Menschen Gottes Abbild sind, spiegelt sich seine Vielfalt auch in unseren geistigen Empfindungen wider: Wenn wir z. B. leiden oder fröhlich sind, erleben wir Gott jeweils auf eine bestimmte Art und Weise. Manchmal brauchen wir dann Hilfe, teils kommen wir allein zurecht; bisweilen werden wir bestraft, mitunter wird uns Gnade zuteil. Unsere Begegnung mit Gott kann sowohl intellektuell als auch emotional sein.

Die *Sephiroth* sind über Energiekanäle miteinander verbunden, die jeweils mit einem hebräischen Buchstaben assoziiert sind. Wenn unsere Eigenschaften ins Ungleichgewicht geraten, helfen uns diese Energiekanäle, sie auszubalancieren. Wer sich z. B. zu aggressiv fühlt, also zur *Gebura* geneigt, kann durch eine Meditation über das *Aleph*, das *Gebura* mit *Chesed* verbindet, sein Gleichgewicht wiederherstellen.

Durch innere Ausgewogenheit trägt man auch zur Balance der Welt als Ganzem bei und ebnet letztlich den Weg zur Harmonie mit dem Göttlichen. Andernfalls aber ermöglicht man die Unvollkommenheit unserer Welt.

Die *Sephiroth* werden in verschiedenen Anordnungen abgebildet. Das Baum-Muster basiert auf *Psalm* 1, der einen frommen Menschen mit einem

Baum vergleicht. Dass ein Baum Energie aus Blättern und Wurzeln bezieht, ist die Vorstellung vom *Ez Chajim* (*Lebensbaum*) in der *Torah*. Für die Kabbalisten bedeutet dies, dass die *Torah* sowohl Gottes Hinwendung zu den Menschen als auch die Hinwendung der Menschen zu Gott beinhaltet.

Die einzelnen *Sephiroth* assoziiert man auch mit bestimmten Körperteilen. In mystischen Übungen kann die Konzentration auf diese helfen, Zugang zu jeweils unterschiedlichen Arten von Energie zu gewinnen.

Die *Sephiroth* helfen dem Menschen auch, sich selbst besser zu verstehen, da wir der *Bibel* zufolge nach »Gottes Abbild« geformt sind. Und gemäß dem *Sohar* können wir Gott erst dann nahe sein, wenn wir uns selbst erkannt haben.

Auch in der Schöpfungsgeschichte gibt es eine Verbindung zu den zehn *Sephirot*, da Gott zehn Mal »Es werde« sagt. Daraus entwickelte sich die Idee, man könne mit den *Sephiroth* Leben erschaffen.

Die multidimensionalen *Sephiroth* bezog man auch auf die Zeiteinheiten und alle religiösen Anlässe. Sie stellen das Medium dar, durch das die göttliche Energie das ganze Universum durchdringt. Und sie zeigen, dass wir alle eine Welt für uns selbst und doch Teil eines größeren Ganzen sind.

Die Sephiroth in menschlicher Form, oft Adam Kadmon (Urmensch) genannt.

Göttliche Namen

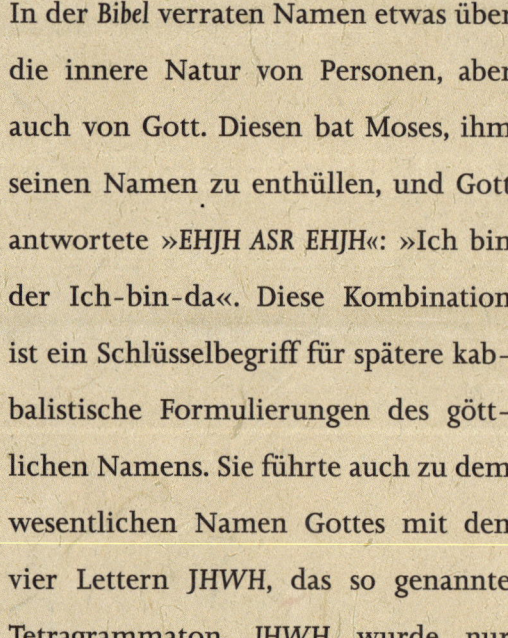

Jeder Aspekt Gottes hat einen anderen Namen. Diese verkörpern die verschiedenen Wege, das Göttliche zu empfangen und zu erleben. Und so, wie alles in der Kabbala männlich und weiblich ist, hat auch Gott maskuline und feminine Aspekte.

In der *Bibel* verraten Namen etwas über die innere Natur von Personen, aber auch von Gott. Diesen bat Moses, ihm seinen Namen zu enthüllen, und Gott antwortete »*EHJH ASR EHJH*«: »Ich bin der Ich-bin-da«. Diese Kombination ist ein Schlüsselbegriff für spätere kabbalistische Formulierungen des göttlichen Namens. Sie führte auch zu dem wesentlichen Namen Gottes mit den vier Lettern *JHWH*, das so genannte Tetragrammaton. *JHWH* wurde nur einmal im Jahr durch den Hohepriester im Tempel ausgesprochen, und zwar als *Adonai*. Im religiösen Alltag erwähnt man *JHWH* als *Haschem* (»Der Name«).

Die *Bibel* kennt für Gott sieben Namen mit jeweils unterschiedlicher Bedeutung. *Elohim* z. B. bedeutet »die Richter«. Diese Bezeichnung verbindet man mit Gottes Gericht über die Menschen. Die ältesten Mystiker erwähnten Gott daher je nach Zusammenhang mit einem anderen Namen. Die in der

אין סוף

Bibel genannten Bezeichnungen Gottes sind aber heilig und dürfen nicht ohne weiteres genannt werden. Zur Zeit des *Talmud* ersann man daher neue Namen, mit denen man Gott auch im Alltag erwähnen konnte, z.B. *Ribbono Schel Olam* (»Herr des Universums«).

Die Kabbalisten verbanden die biblischen Namen Gottes erstmals mit den En Sof (Unendlicher Gott) in hebräischer Schrift.

Sephiroth und flochten Meditationen über diese Namen in bestehende Gebete ein. Um zusätzliche Eigenschaften Gottes hervorzuheben, führten sie Begriffe wie *En Sof* (Unendlicher Gott) und *Parzufim* (Gesichter) ein. Sie erfan-

הההההההההההההה

Meditation über den Namen Gottes

Folgende Meditation aus dem 16. Jahrhundert behandelt die Buchstaben des Namen Gottes, damit man sie als Übermittler seiner Macht begreift.

Gottes Name besteht aus einem *Jodh*, einem *He*, einem *Waw* und einem *He*.

Halte dir das *He* vor Augen.

Das *He* besteht aus einem *Daleth* und einem *Jodh*.

Das *Daleth* ist die Tür.

Das *Jodh* ist der Schlüssel zu dieser Tür.

Das *Daleth* besteht aus einem *Waw*, das über einem weiteren *Waw* liegt.

Das *Jodh* öffnet die beiden *Waw*.

Jeder Buchstabe im Namen Gottes ist eine Tür, die sich zu einer weiteren hin öffnet.

Das *He* ist die Gebärmutter und das *Jodh* befruchtet sie, um die Welt zu erschaffen.

aus einem Kommentar zum Sohar

הההההההההההה

den aber auch vollkommen neue »Bezeichnungen«, indem sie Buchstaben aus besonders wichtigen Bibelstellen miteinander kombinierten. Der *Sohar* erwähnt einen 72 Zeichen umfassenden Namen, der aus den Initialen der (zwei Mal zu lesenden) 36 Wörter von *Genesis* 2,1–3 besteht, als Basis für Meditation im Gebet. Spätere Mystiker entwickelten aus weiteren Abschnitten ähnliche »Namen« und fügten der ursprünglichen Schrift damit auch zusätzliche Bedeutungsebenen hinzu.

Weil Gott in der *Genesis* Mann und Frau als sein Abbild erschafft, weist der *Sohar* auch den *Sephiroth* und den mit ihnen verknüpften Namen Gottes teils männliche, teils weibliche Eigenschaften zu (s. S. 60). Dementsprechend wählt man im Gebet die jeweils geeignete Anrede aus.

Im *Sohar* hat das Aussprechen der Namen Gottes große Bedeutung. Obwohl die Schrift keine spezifischen Meditationen enthält, rückten zeitgenössische Kabbalisten die praktische Mystik stärker ins Zentrum: Man begann, die »richtige« Buchstabenkombination zu suchen, deren Aussprache die direkte Kommunikation mit Gott ermöglichen sollte.

So angeordnet summieren sich die Zahlenwerte von JHWH zu 72. Es ist ein Zauber, kann aber auch im Gebet helfen.

Schöpfung

F ür die Philosophen des Mittelalters hatte Gott die Welt aus dem Nichts erschaffen. Doch die Mystiker hielten die Vorstellung einer Trennung von Gott und der physischen Welt für inakzeptabel: Für sie bestand die Welt aus Gott selbst, insofern sei alles göttlich.

Viele Theologen des Mittelalters beschrieben Gott als die »Erste Ursache«, die vor allem anderen existierte und die Schöpfung in Gang setzte. Diese Idee der *creatio ex nihilo* (Schöpfung aus dem Nichts) veranlasste jedoch einige, das Verhältnis zwischen

Links: Darstellung der Schöpfung in einer Haggada (15. Jh.). Oben rechts die Trennung von Tag und Nacht, unten links schließlich die Sabbatruhe.

Gott, dem Universum und der Menschheit zu hinterfragen: War es denkbar, dass Gott sich nach der Schöpfung aus der Welt zurückgezogen und durch seine Abwesenheit das Böse in die Welt gelassen hatte?

Für die jüdischen Mystiker undenkbar. Sie waren überzeugt, dass Gott unlösbar mit seiner Schöpfung verbunden sei. Einige dachten sogar pantheistisch: Gott und das Universum seien ein und dasselbe. Aber die meis-

> »... der königliche Gott sandte aus den undurchdringlichen Tiefen des unerklärlichen und endlosen Raums ein strahlendes Lichtband, einen unermesslich hellen Blitz. En Sof formte dieses Licht und ließ es ausstrahlen. Und es schuf eine Trennung zwischen sich selbst und allem anderen und blieb dadurch unbegreiflich. Das war der Reschit (Beginn), der schöpferische Ausdruck des göttlichen Willens. Der Anfang von allem.«
>
> **SOHAR I,15A**

ten meinten, Gott sei zwar irgendwie vom Universum getrennt, erhalte jedoch zugleich dessen Existenz.

Wie die Erde erschaffen worden sei, wurde unterschiedlich erklärt. Nach dem *Midrasch* (talmudischer *Bibel*-Kommentar) hatte Gott mehrere Welten erschaffen und wieder zerstört, bis er unsere schuf. Der Anfang der *Genesis* erwähnt, wie der Geist Gottes über dem Wasser schwebte und dann die Erde formte. Die Schöpfung war also eine Art Destillat: Gottes Geist wurde durch Luft, Feuer und Wasser gefiltert. Nach dem *Bahir* hingegen hat Gott auf sich selbst Materie geschichtet: Wir sehen demnach immer nur diese Oberfläche, aber wenn wir sie entfernen könnten, würden wir erkennen, dass die gesamte Welt aus Gott selbst besteht.

Der *Sohar* war jedoch weit innovativer. Wörtlich beginnt die *Genesis* mit: »Am Anfang schuf Gott.« Nach dem *Sohar* ist dies jedoch folgendermaßen zu lesen: »Der Anfang schuf Gott.« Zuerst sei *En Sof* gewesen, der unendliche, immaterielle Gott. Mit einem Energiestrahl erschuf *En Sof* dann *Elohim*, den Gott innerhalb unseres Universums, der in der *Bibel* als Erster erwähnt wird. Die Zeugung (hebräisch: *Sohar*) von *Elohim* geschah, damit dieser Himmel, Erde und alles Leben erschaffen konnte. Demnach vollzog sich die Schöpfung durch eine Emanation (Ausstrahlung) göttlicher Energie.

Dieser Prozess spiegelt sich in der Symbolik des Namens *Elohim* wider. Im Hebräischen wird er durch den Buchstaben *He* dargestellt, der die Form einer Gebärmutter mit zwei Eingängen besitzt. Laut dem *Sohar* wurde *He* von *Jodh*, einem der anderen drei Buchstaben des Namen Gottes, befruchtet und dieser Vorgang habe die Welt erzeugt.

Die Vorstellung, dass die Schöpfung durch heilige Ausdrücke eingeleitet wurde, vermittelt die *Genesis* durch die zehnmalige Phrase »Es werde«, die der Ursprung der zehn *Sephiroth* ist.

Ab dem 13. Jahrhundert fassten einige Kabbalisten den Schöpfungsprozess so auf, wie er im *Sohar* mit den Begriffen des Lebensbaums beschrieben wird: als ständige wechselseitige Beziehung zwischen Gott und Welt, entsprechend der Art, wie ein Baum sowohl durch seine Blätter als auch durch seine Wurzeln versorgt wird.

Seelen

Rationalistische jüdische Gelehrte hielten die Seele für sterblich. Laut dem *Sohar* gibt es aber eine bestimmte Anzahl ewiger Seelen, deren Aufgabe darin besteht, die Menschheit zu erneuern.

Zunächst wirkt der *Sohar* in Bezug auf die Seelen widersprüchlich: Einerseits würden diese immer wiederkehren, bis die Menschheit erneuert ist; andererseits habe jeder eine *einzigartige* Seele. Man muss es folgendermaßen betrachten: So, wie unsere Körper aus älterem genetischem Material bestehen, bestehen unsere Seelen aus früheren Seelen. Einige sind daher von Geburt an geistig erfüllter als andere. Manche hingegen sind aus der *Sitra Achra* gemacht – der negativen Seite der Schöpfung.

Die *Bibel* kennt drei Wörter für »Seele«: *Nefesch* (Lebenskraft), *Ruach* (Geist) und *Neschama* (Lebenshauch), der *Talmud* zudem *Ot* (Lebensessenz) und *Jechida* (Einheit). Nach dem *Sohar* unterscheidet *Nefesch* die Lebenden von den Toten; *Ruach* ist der Intellekt; *Neschama* bezieht sich allein auf die Zwiesprache mit Gott – nur sie erlebt seine Gegenwart. *Ot* überwindet die Sprache und verbindet uns mit dem Quell des Lebens. Und *Jechida* ist dem Ursprung der Schöpfung, *En Sof*, am nächsten.

Gut und Böse I

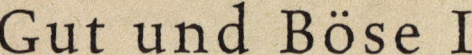

Der *Sohar* akzeptiert die Vorstellung einer »Ursünde« nicht: Das Böse im Universum entstand aus Rückständen des Schöpfungsprozesses, das Böse im Menschen aber ist Resultat des freien Willens.

Über Jahrhunderte stand die Frage im Raum, warum Gott eine unvollkommene Welt erschaffen habe. Der *Sohar* gibt drei Antworten: Nach der ersten schuf und vernichtete Gott mehrere Welten, bis er *unsere* aus dem Chaos formte. Dabei fielen unreine Rückstände an: Diese *Klippot* (Scherben) sind die Ursache des Bösen.

Die zweite Antwort lautet, Gott habe zwei Seiten. Diese Idee hatte der *Sohar* aus der gnostischen These von einem guten und einem bösen Gott (»Teufel«) entwickelt: So, wie Gott in den *Sephiroth* unterschiedliche Eigenschaften wie Strafe und Gnade zeigt, kann auch jede seiner Eigenschaften verschieden aufgefasst werden: Strafen können mitunter grausam erschei-

> »Als Gott den Menschen schuf, bat er ihn, nur ihm allein zu folgen. Doch dann wandten sie sich ab, verließen den besonderen Baum, der höher als alle anderen ist, und zogen den Platz vor, der ständig von Farbe zu Farbe wechselt, von Gut zu Böse und von Böse zu Gut. Sie zogen das Wechselhafte vor und verließen den erhabenen Einen, der keinen Wechsel kennt. Daher schwanken ihre Herzen zwischen Gut und Böse, und deshalb verdienen sie manchmal Gnade und manchmal Strafe, gemäß ihren Taten.«
>
> **SOHAR 3,107B**

nen. Um aber auszudrücken, dass das Böse selbst nicht zu Gott gehört, nennt der *Sohar* diesen negativen Aspekt *Sitra Achra* (»Rückseite«). Wenn wir unsere Energie aus der *Sitra Achra* beziehen, handeln wir böse. Gott enthält aber das Böse nicht: Es entsteht erst durch die Art, wie wir seine Energie nutzen.

Nach der dritten Antwort waren der Lebensbaum und der Baum der Erkenntnis ursprünglich eins. Doch als der Mensch die falsche Wahl traf, wurden sie getrennt: Die Schöpfung verlor ihre Vollkommenheit, und durch die Unvollkommenheit konnte das Böse in die Welt gelangen.

Adam und Eva

Der *Sohar* sieht Adam und Eva als zwei Seiten (*Parzufim*) desselben Wesens, das als Abbild Gottes sowohl männlich als auch weiblich ist. Die Trennung der *Parzufim* führt zu Zwietracht und Sünde.

Zu Beginn der *Genesis* ist Mensch ein »männliches und weibliches« Wesen. Die Namen Adam und Eva erscheinen erst in Kapitel 2, wohl um die wachsende Komplexität der Welt anzudeuten und zu zeigen, dass Wahlmöglichkeiten enstanden waren. Als die Menschen dann die falsche Wahl trafen, entstand die Sünde. Den

Das Böse versucht, Adam und Eva voneinander und von Gott zu trennen. Illustration in einer hebräischen Bibel, ca. 1280 n. Chr.

> »Jedes Bild, das nicht das Männliche und Weibliche umfasst,
> ist kein erhabenes und wahres Bild …
> Ein Mensch wird nur Adam genannt,
> wenn er Männlich und Weiblich in sich vereint.«
>
> **SOHAR, RAIA MECHEMNA, 2B**

vollkommenen Menschen – Adam und Eva – vor dem Sündenfall bezeichnet der *Sohar* als *Adam Kadmon* (Urmensch); danach als *Adam Belial* (Zerstörer).

Adam und Eva können diesen Verlust der Vollkommenheit nur durch erneute Vereinigung mit Gott ausgleichen. Dazu müssen sie ihre zwei *Parzufim* verbinden und den Menschen wieder nach Gottes Abbild erstehen lassen. Symbol dieser Absicht ist die erste sexuelle Vereinigung im Garten Eden:

Vollkommen und ohne Scham spiegelt sie die den *Sephiroth* innewohnende schöpferische Vereinigung wider.

Der Sohar legt dabei, wie die übrige Kabbala, auf eine holistische Perspektive Wert. »Vereinigung« bezieht sich nicht allein auf den Körper, sondern auch auf den Geist: Alle Handlungen, die sexuellen eingeschlossen, sollten eine mystische Dimension haben, und alle mystischen Aktivitäten sollten den ganzen Körper betreffen.

Engel

N ach dem *Sohar* erschuf Gott am ersten Tag die guten Engel aus göttlichem Licht, aber am zweiten Tag weniger wohlmeinende Engel aus Feuer. Sie alle handeln gemäß dem Willen Gottes.

Vier Erzengel stehen der menschlichen Welt vor: Michael, der Engel der Barmherzigkeit; Gabriel, der Engel des Feuers und des Krieges; Uriel (oder Nuriel), der Engel des göttlichen Lichts; und Raphael, der Engel der Heilung. Als Boten Gottes tragen sie seinen Willen zur Erde hinab und helfen uns, auf

»Die Geburt eines Menschen wird von vier Engeln begleitet: Michael vertritt Abraham, Gabriel Isaak, Uriel Jakob und Raphael Adam. Aber die Geburt eines Menschen, dessen Stammbaum keine Güte kennt, begleiten die vier Kräfte des Bösen: Wut, Zerstörung, Verderbtheit und Ungeduld.«

SOHAR, RAIA MECHEMNA, 4B

seine Energien zuzugreifen. Sie repräsentieren auch die Wahlmöglichkeiten und Chancen, die wir im Leben haben.

Ein weiterer bedeutender Engel ist Metatron: Er hilft unserem Verstand bei profanen Überlegungen, von der Seele ist er jedoch getrennt.

Darunter gibt es eine lange Reihe niederer Engel, die jeweils für spezifischere Dinge zuständig sind, z. B. für Stunden, Tage, Tiere oder Bäume.

Noch tiefer, zwischen diesen und den Menschen, befinden sich die schlechten Engel. Sie sind nicht an sich böse, tragen aber die negativen Energien in die Welt, denen wir widerstehen müssen. (Auch »Satan« bedeutet in der *Bibel* oft nur »Hindernis«.) Eine der auffälligsten Gestalten unter diesen

Engel bewachen die Bundeslade, in der Gottes Wort, die Torah, enthalten ist.

ist Lilith, der weibliche Geist der Nacht: Sie verführt Männer und tötet Kinder. Doch darf daraus nicht abgeleitet werden, Frauen würden mit dem Bösen assoziiert – diese Vorstellung ist dem *Sohar* fremd.

Meditation und Gebet

Frühe Mystiker hielten das Befolgen der Gebote für entscheidend, um zu Gott zu gelangen. Meditation und Gebet galten zunächst nur als Ergänzung, doch mit der Zeit erlangten sie großen Stellenwert.

Die Mystiker in Girona nannten Übungen zur Vorbereitung auf das Gebet *Kawwanot* (»Konzentration«). Die meisten *Kawwanot* enthielten meditative Elemente, z. B. die Bildung eines neuen göttlichen Namens aus den Anfangsbuchstaben eines Psalms. Mit diesem Namen als Konzentrationspunkt konnte der Mystiker sich stärker auf Gott sowie sein eigenes Tun fokussieren.

Der *Sohar* beschreibt die *Kawwanot* als ein Mittel, die Seele zum Himmel zu erheben. Denn durch solche Meditationen wird Gott im Gebet nicht lediglich darum gebeten, weltliche Anliegen auf Erden zu erfüllen. Die Mystiker glaubten vielmehr, dass sie durch die *Kawwanot* – so wie man sich in den Wind stellt, um die Natur zu erleben – Gottes wahre Existenz erfahren könnten.

> »Wenn ein Mensch das Abendgebet beginnt, steigt ein Engel herab und trägt das Gebet auf seinen Flügeln empor. Dieser Engel ist Nuriel, wenn das Gebet von Chesed erfüllt ist, und Uriel, wenn es von Gebura erfüllt ist, denn dann ist es wie brennendes Feuer.«
>
> **SOHAR I,23B**

Die Mystiker dieser Zeit kannten zwei Arten des Gebets: ein geordnetes, formelles auf Basis der orthodoxen Liturgie; und ein fließendes, spontaneres, persönlicheres. Der *Sohar* betont die Macht des letzteren: Auf ihrer untersten Stufe können solche Gebete den Betenden selbst »heilen«. Gelingt dies, kann er beginnen, die gesamte niedere Welt, in der wir leben, zu heilen. Mit fortgesetztem Beten ist es möglich, die obere Welt der Engel und Geister zu beeinflussen. Und schließlich kann der Mensch Gott selbst erreichen, wenn er dessen »richtigen« Namen entdeckt und verwendet. Wer diese Ebene erreicht, heißt *Baal Schem Tow* (Herr des Guten Namens) und gilt als fähig, die Welt zu verändern.

In Safed entwickelten spätere Mystiker aus dem formlosen Gebet die gemeinsame Meditation: In ihr ist die gesamte Gemeinde darauf konzentriert, sich zu erhöhen und die Welt zu heilen.

Meditation vor dem Sabbatgebet

Dieses Gebet aus dem *Sohar*, das oft gesungen wird, ist ursprünglich als stille Meditation gedacht, mit der man sich auf den Freitagabend-Gottesdienst in der Synagoge vorbereitet.

Das Sabbatgeheimnis liegt im Sabbat selbst, der aus der Einheit des vollkommenen, verborgenen Gottes geschaffen ist.

Dieses Gebet verkündet zu Beginn des Sabbat die Einheit Gottes, die wir durch seinen herrlichen Thron erleben.

Der Sabbat macht uns fähig, uns selbst zum Heiligen König in der Höhe zu erheben.

Wenn der Sabbat kommt, zerschlägt er die negativen Kräfte der »Rückseite«.

Und all ihre Macht ist durch die Heiligkeit des göttlichen Geistes aufgehoben.

Alles Dingliche wird mit den göttlichen Kronen des Heiligen Geistes gekrönt.

Alle negativen Kräfte, alle Ängste vor strafendem Urteil: Sie werden von dieser Welt in die andere getragen.

Und göttliche Energie erfüllt die niedere Welt der heiligen Gläubigen Gottes.

Sie alle sind von neuen, reinen Seelen erfüllt, durch die sie in Gegenwart des Himmels frohlocken können.

מקשה הוא כמראה אשר הראה יי׳

KAPITEL VIER

THEMEN UND SYMBOLE

Die Kabbala behandelt alle Seiten des Lebens.

Von Astrologie bis Sexualität reichen die Themen

der Mystiker. Und immer wieder zieht man

Symbole wie die *Menora* zu Hilfe:

bei Gebet und Kontemplation, zu Schutz

oder Heilung. Aber auch zur Förderung des

spekulativen Denkens und der Hingabe.

Astrologie

Obwohl die *Bibel* Wahrsagerei verbietet, ist die Astrologie für jüdische Mystiker wichtig; nicht so sehr zur Vorhersage der Zukunft, sondern um menschliches Verhalten zu erklären.

Das ganze Universum besteht aus göttlicher Energie, einer Mischung aus Materie und Geist. Jede ist Teil einer größeren, universellen Seele; jeder Körper besteht aus Teilchen, die wiederum mit anderen verbunden sind. Weil alles derart verwoben ist, meinen einige Kabbalisten, die Sterne und Planeten könnten unser Denken und Handeln beeinflussen. Aber anderen zufolge besitzen die Gestirne nur wenig Macht: Ein Horoskop sei vielmehr ein Symbol für die verschiedenen Kräfte des Universums. Die Menschen besitzen durchaus freien Willen – und indem sie sich spirituell betätigen und der *Torah* folgen, können sie den ohnehin geringen Einfluss der Sterne überwinden und denjenigen der größeren, göttlichen Energie stärken.

Ausführlich behandelt wird Astrologie erstmals im *Sefer Jezira*, der die Planeten den *Sephiroth* sowie menschlichen Organen zuordnet. Das System wurde aber immer komplexer und verband die Sternkreiszeichen schließ-

lich mit den zwölf Stämmen Israels, den Monaten, den einfachen Buchstaben und den Stunden des Tages. Die damals bekannten sieben Planeten verband man mit den Wochentagen, den »Öffnungen« des Kopfes, den doppelten Buchstaben sowie den Himmeln und Universen.

Ein Beispiel: Den Saturn assoziierte man mit dem Freitag, der ersten Stun-

Der Tierkreis erklärt Denken und Handeln, zeigt aber nicht die Zukunft.

de, dem linken Nasenloch, dem *Res* und Frieden. Wer Frieden suchte, sollte daher freitags zur ersten Stunde unter Konzentration auf das linke Nasenloch, *Res* und Saturn meditieren und beten. Aber nicht alle Kabbalisten waren von dieser Methode überzeugt.

Amulette

A mulette sind seit frühester Zeit belegt. Für orthodoxe Juden sind sie ausschließlich Symbol der ständigen, heilenden Gegenwart Gottes. Aber die Kabbala ordnet ihnen zusätzliche Kräfte zu und glaubt, mit ihrer Hilfe könne man bis zum Göttlichen vorstoßen.

Der *Talmud* erwähnt zwar »wirksame« *Kemejot* (Amulette), aber nicht, was auf ihnen abgebildet war. Die Kabbala nennt eine ganze Reihe Symbole für Talismane oder kleine Schriftrollen, die man am Körper tragen könne – und viele Gründe, sie bei sich zu führen.

Die Hand ist in Nordafrika ein geläufiges Symbol, um vor dem Bösen Blick zu schützen; in der Handfläche ist oft ein Auge abgebildet. Um dem Bösen Blick zu widerstehen, ruft man auch

Josef an. Denn dieser ließ sich von der Frau des Pharaos nicht verführen: »Sein Auge wollte nicht sehen, was ihm nicht gehörte.«

Auch rechteckige Amulette sind weit verbreitet. Meist mit Bibelzitaten – aber auch Symbolen magischen Ursprungs, die die Kabbalisten adaptierten, um die Macht der Engel darzustellen. Man trägt sie über oder unter der Kleidung. Manche Talismane waren sogar dazu bestimmt, sie auf Wunden zu legen, um

mit ihnen bestimmte Krankheiten zu heilen.

Der sechseckige Davidsstern hat sich erst im Mittelalter als Symbol etabliert. Vielleicht rührt seine Verbreitung sogar daher, dass er eine Variation des magischen Pentagramms ist. Um den Stern herum und in seine Ecken schrieb man die Namen Gottes und Gebetsformeln.

Ein weiterer Talisman ist der *Schiwiti*, benannt nach *Psalm 16:* »Zu aller Zeit habe ich Gott vor mich gestellt [schiwiti].« Diesen schmückt man mit Symbolen oder Namen Gottes und hängt ihn als Mittelpunkt der Meditation und des Gebets am Pult der Synagoge oder an einer Wand bei sich zu Hause auf.

Manche Amulette, wie dieses Pergament aus dem 18. Jh., rollte man zusammen, um sie bei sich tragen zu können.

הכרובים
פרשי כנפים
סוככים במעלה

על הכפרת

אנכי יי	לא תרצח
יהיה	לא תנאף
לא תשא	לא תגנב
זכור שמור	לא תענה
כבד את	לא תחמז

מזבח לבונה

שלחנות
מערכות שט ו
המערכות על

הש לחן וכליו

אבן   אבן

מטה   צנצנת המן   מטה

Die Menora

Der siebenarmige, dreibeinige Leuchter, im *Exodus* als wesentlicher Bestandteil des Tabernakels und später des Tempels erwähnt, ist in seiner Struktur und Funktion ein bedeutendes mystisches Symbol.

Gott erscheint in der *Bibel* oft in Feuergestalt – ein ambivalentes Symbol der Macht, da Feuer sowohl wärmen als auch zerstören kann. Als Zeichen der Gegenwart Gottes brannte im Tempel stets die westlichste Kerze des Leuchters; heute scheint das »ewige Licht« in jeder Synagoge: über dem Schrein, in dem die *Torah*-Rollen aufbewahrt sind.

Links: Eine Bibel-Illustration (um 1300 n. Chr.) mit rituellen Tempelgegenständen, oben rechts die Menora.

Mystiker sahen in der *Menora* die Verbindung dieser Feuersymbolik mit den zehn *Sephiroth* (wegen der Summe der sieben Arme und drei Füße des Kandelabers). Für sie hielt die *Menora* nicht nur die Tradition lebendig, sondern rückte auch die *Sephiroth* stets prominent in den Blick. Der Leuchter wurde zusammen mit mystischen Formeln auf vielen Darstellungen abgebildet, die die Kabbalisten zum Gebet vor sich platzierten und als Konzentrationshilfe nutzten.

Zahlen

Die im *Talmud* erwähnte *Gematria* (Buchstaben- und Zahlenmystik) ist eine alte Kunst, die schon Pythagoras (ca. 580–500 v. Chr.) kannte. In der Kabbala ist sie ein Mittel zur Zwiesprache mit Gott.

Alle hebräischen Buchstaben haben einen Zahlenwert. Und Wörter transportieren über ihre numerische Summe zusätzliche Assoziationen. So hat SHFT (Richter) zum Beispiel denselben Wert wie TFHS (Narr).

Zur Zeit des Talmud suchte man mit *Gematria* nach Verbindungen zwischen den Wörtern der *Torah*. Die Kabbala misst den Zahlenwerten darüber hinaus spezifische Bedeutungen zu: In den Namen Gottes z.B. kommen *He* (»5«) und *Jodh* (»10«) am häufigsten vor – ein Verweis auf die Einteilung der zehn *Sephiroth* in zwei Fünfergruppen.

Auch »3« und »7« haben große Bedeutung: Die drei Mutterbuchstaben (*Aleph*, *Mem* und *Sin* als Symbole der Elemente Luft, Wasser und Feuer) verbinden die *Sephiroth*. Der Sabbat ist der siebte Wochentag, Jom Kippur (Versöhnungstag) liegt im siebten Monat. Von den zehn *Sephiroth* stehen drei für den Geist und sieben für den Körper. Mit diesen Zahlen kann man in der Meditation den Weg zu Gott finden.

Meditation der 231 Tore

Grundlage dieser Meditation sind zwei Kreise, deren Umfang jeweils sämtliche Buchstaben des hebräischen Alphabets enthält. Indem man die Kreise umeinander dreht, entstehen 231 unterschiedliche Buchstaben-Zahlen-Kombinationen. All diese Permutationen sind Tore zur göttlichen Energie.

Stellen Sie sich vor, um Sie verliefe ein Kreis aus Torbögen, wie im römischen Kolosseum. In jedem Torbogen steht ein hebräischer Buchstabe, angefangen mit einem *Aleph* vor Ihnen.

Denken Sie sich nun einen zweiten, identischen Kreis mit Buchstaben innerhalb dieses ersten. Wieder steht das *Aleph* vor Ihnen.

Drehen sie den imaginären äußeren Kreis so, dass das *Aleph* zunächst hinter dem inneren *Bet* liegt, dann hinter dem inneren *Gimel* usw., bis Sie zum *Taw* gelangen.

Wiederholen Sie dies nun mit dem *Bet* und jedem weiteren Buchstaben des äußeren Kreises. Die Verbindung gleicher Buchstaben oder gespiegelte Kombinationen (*Bet–Bet* bzw. *Aleph–Bet* und *Bet–Aleph*) können Sie ignorieren.

Während dieser Meditation können Ihnen bestimmte Buchstabenkombinationen stärker als andere erscheinen. Versuchen Sie, Ihre Konzentration auf diese Verbindungen zu richten. So finden Sie diejenige, die Ihr persönliches Portal zu der göttlichen Energie darstellt.

Sexualität

Das Judentum hat seit jeher ein positives Verhältnis zur Sexualität. Die Kabbala weist ihr zudem einen besonderen Rang bei der Vereinigung der körperlichen mit der geistigen Welt zu: Wer sich diese Kraft nutzbar macht, kann Gott näher kommen.

In der Kabbala besteht die Welt aus maskulinen und femininen Dimensionen, die gleichberechtigt sind. Als der Mensch erschaffen wurde, war er zunächst männlich und weiblich. Dass Eva aus Adams Rippe stammt, betont ihre enge emotionale Bindung noch, denn im Rippenbogen liegt das Herz, das Symbol der Liebe. Und die sexuelle Vereinigung von Mann und Frau als Zeugungsakt spiegelt die göttliche Vereinigung wider, in der *En Sof* die Elohim befruchtete und so die Welt schuf. Die Kabbala zeigt einen holistischen Ansatz zur Sexualität: Diese sollte intellektuelle, emotionale, moralische und seelische Aspekte in sich vereinen. So gilt sexueller Genuss als legitimes Mittel, um Gott näher zu kommen.

Jede *Sephira* ist für die Erfüllung des menschlichen Potenzials und seine Begegnung mit Gott unerlässlich. Die zentrale untere *Sephira*, *Jesod*, ist Symbol für den sexuellen Zeugungsakt. Aber

weil sie unlöslich mit den anderen *Sephiroth* verbunden ist, muss alles, was *Jesod* betrifft, auch die übrigen *Sephiroth* einbeziehen, damit es wirksam wird. Um eins mit Gott zu werden, sind *Jesod* und Sexualität z.B. genauso wichtig wie *Chokma* und der Intellekt: Das Misslingen einer körperlichen Vereinigung hat dieselbe Bedeutung wie das Scheitern einer geistigen Verbindung.

Mystiker behaupten, man könne mit Gott eins werden, wenn man die »Sabbatbraut« heirate, d. h. den Sabbat mit Leib und Seele wie eine Braut liebe.

Einige Kabbalisten verzerrten diese Vorstellung. Jakob Frank etwa erklärte, häufiger Geschlechtsverkehr sei der Weg zu geistiger Erfüllung. Er wurde als Häretiker entkommuniziert.

Der Jahreskreis

Der Jahreskreis jüdischer Feste versinnbildlicht die Vielfalt der Verbindungen zwischen Gott und den Menschen. Kabbalisten fügten weitere Bedeutungsebenen und eigene Rituale hinzu.

Das *Passahfest* geht auf den Auszug aus Ägypten zurück. Für die Mystiker symbolisiert es die Flucht der Seele aus der Sklaverei, Ägypten dagegen die *Sitra Achra* (»Rückseite«). Und das zu *Passah* gereichte ungesäuerte, flache Brot ist ein Sinnbild der reinen Seele, die durch Sünde aufgehen kann. Zum *Seder* (Passahmahl) trägt man als Symbol für Armut, Frömmigkeit und Tod weiße Kleidung.

Schawuot (Wochenfest) feiert die Verkündung der *Torah* auf dem Berg Sinai.

Der Seder am Passahfest. Spanische Darstellung (14. Jh.).

Schawuot versinnbildlicht die »Hochzeit« Gottes mit Israel: Die Juden stimmen dem Ehevertrag zu und »vollziehen die Ehe«, sooft sie Gott gemäß der *Torah* verehren.

Sukkot (Laubhüttenfest) weist auf die Unterkünfte der Israeliten während ihrer Wanderung durch die Wüste hin und erinnert an den ewigen Bund Gottes mit den Menschen. Nach dem *Sohar* sollen zu diesem Fest die Seelen von Abraham, Isaak, Jakob, Moses, Aaron, Josef und David eingeladen werden, die man gemeinhin Uschpizzin (Gäste) nennt.

An Rosch *ha-Schana* (Neujahr) vereinen sich die Himmelssphären mit dem Erdkreis – die sieben Himmel mit den sieben Meeren, Flüssen und Kontinenten.

Nun sollte man von innen her rein werden, indem man sich ganz dem göttlichen Willen hingibt – wie Isaak, der sich widerstandslos fesseln ließ, um Gott geopfert zu werden.

An Jom Kippur (Versöhnungstag) wird die mystische Vereinigung von Gott und Mensch vollendet: Er erfordert die völlige Abkehr von der materiellen Welt durch Fasten und Gebet.

Oben: Liturgischer Kalender mit Jahreskreisen. Jedes siebte Jahr galt als Sabbat, in ihm war kein Ackerbau erlaubt.

Träume

In der Geschichte des Judentums kommt Träumen eine immense Bedeutung zu. Durch sie spricht Gott zu den Menschen und verkündet ihnen himmlische Botschaften.

Im Schlaf kann die Seele ins Himmelreich aufsteigen und Nahrung finden.

Die *Bibel* berichtet, wie Gott Abraham und Jakob im Schlaf erschien; Josef sah in seinen Träumen die Zukunft und deutete auch die Traumbilder des Pharaos. Aber die Haltung der Rabbiner ist traditionell gespalten: Einige sehen in Träumen Botschaften Gottes, andere betrachten sie lediglich als die Verarbeitung der täglichen Erlebnisse.

Nach Meinung der deutschen Chassiden vermittelten Träume die Herrlichkeit Gottes, daher stellten sie die Störung Schlafender unter Strafe.

»Im Schlaf verlässt die Seele den Körper und schwebt in die Höhere Welt, wo sie reinen Geistern begegnet. Wenn sie würdig ist, schaut sie wunderbare, große Dinge. Sonst aber bemächtigt sich die ›Rückseite‹ ihrer und verkündet ihr Unwahrheiten über die Zukunft. Beim Aufwachen gibt die Seele das Gesehene weiter. Ein schlechter Mensch erinnert sich dann an einen schönen, aber unwahren Traum und kommt weiter vom rechten Weg ab.«

SOHAR 1,183A

Die Kabbala hält an dieser Einschätzung fest: Im *Sohar* gilt die Prophezeiung als »maskulines« Medium des göttlichen Willens, der Traum als »feminines«. Denn seine Botschaften seien weicher und emotionaler, aber keineswegs unbedeutsamer. Ein Traum könne die Zukunft vorhersagen, religiöse Dichtung anregen und sogar Gerichtsurteile beeinflussen.

Um Träume zu deuten, kann man den Erzengel Gabriel anrufen, der für ihre Verteilung zuständig ist; doch der *Sohar* warnt, dass Traumbilder auch trügen können. Und weil eine fehlerhafte Auslegung eine sich selbst erfüllende Prophezeiung bewirken kann, sollten nur Fachleute – Schriftgelehrte, Rabbiner oder ein *Baal Shem Tov* – Träume deuten.

KAPITEL FÜNF

DER NAHE OSTEN

1492 kam es durch die Vertreibung der Juden aus Spanien zu einem Massenexodus nach Osten. Der Fokus der Mystiker verlagerte sich ebenfalls: Schuld, Buße und Erlösung wurden nicht mehr unter dem Aspekt des Individuums, sondern der Nation gesehen. Messianismus und *Tikkun* (universale Vervollkommnung) rückten ins Zentrum.

Safed

Nach ihrer Vertreibung aus Spanien strömte eine Woge hoch-talentierter, gebildeter Juden in Richtung Italien, Griechenland, Türkei und nach Israel. Safed, eine Stadt am Ufer des See Genezareth, wurde schnell zum Zentrum kabbalistischen Denkens und Handelns.

Viele Exilanten zog es zunächst nach Jerusalem, das wirtschaftlich aber keine so große Einwohnerzahl versorgen konnte. So wurde das nahe gelegene Safed mit seiner blühenden Textilindustrie zur Zufluchtsstätte.

Um etwa 1530 ließen sich mit Jakob Berab und Josef Karo zwei bedeutende Lehrer der *Halacha* (des jüdischen Gesetzes) in Safed nieder, um dort mit ihren Anhängern den Messias zu erwarten. Moses Alkabetz verfasste in Safed das mystische Gebet *Lechah Dodi* (*Geh, Geliebter*), das man abends auf den Feldern sang, um die »Sabbatbraut« zu begrüßen. Aber erst Moses Cordovero sicherte der Stadt ihren Platz in der Geschichte der Kabbala.

Moses Cordovero (1522–1570) war nicht nur ein exzellenter und charismatischer Lehrer, sondern auch ein tiefgründiger Theoretiker: Er sammelte und ordnete alle bis zu seiner Zeit enstandenen Lehren der Kabbala.

Im *Pardes Rimmonim* (*Granatapfelgarten*) überarbeitete Cordovero die Vorstellung von den *Sephiroth*: Diese seien nicht nur passive Objekte göttlicher Emanation, sondern eigenständige Motoren dynamischer Erneuerung; weniger »fertiges« Produkt der Quelle, als vielmehr ihrerseits fähig, aus sich selbst heraus Neues zu schaffen – sozusagen nach göttlichem Vorbild bestehende »spirituelle Gene« der Menschen. Cordovero verstand die *Sephiroth* auch

In den Hügeln von Safed lebte eine erlesene Gesellschaft von Gelehrten.

als Überbringer des Lichtes von En Sof. Weil er dabei als praxisbezogener Mystiker Wert darauf legte, den Körper in die Andacht mit einzubeziehen, empfahl er nachdrücklich, »im Schein des göttlichen Lichtes zu sitzen«. Bei dieser Meditation schließt man die Augen und visualisiert sich selbst als von göttlichem Licht umhüllt.

Atmen und das Alphabet

Gott hat mittels des hebräischen Alphabets das Universum erschaffen. Indem wir – wie die Mystiker von Safed – über diese Buchstaben meditieren, ermöglichen wir es ihrer Energie, durch uns hindurchzuströmen, als ob Gott unmittelbare Zwiesprache mit uns halte.

Drücken Sie Ihre Oberarme an den Körper und halten Sie Ihren Rücken gerade. Strecken Sie die Unterarme nach vorn, die Handflächen zeigen nach oben. Schließen Sie nun die Augen.

Lenken Sie positive Energie auf Ihre rechte Hand und negative auf die linke. Atmen Sie in aller Ruhe zehn Mal tief ein, bis in den Bauch, und durch den Brustkorb wieder aus.

Stellen Sie sich das *Aleph* vor, den ersten Buchstaben des Alphabets. Atmen Sie langsam ein, lassen Sie das *Aleph* näher kommen und einen Moment lang direkt vor Ihren Augen verweilen. Atmen Sie sanft wieder aus und lassen Sie das *Aleph* sich zurückziehen.

Wiederholen Sie dies nun mit allen hebräischen Buchstaben.

Eine Meditation des Abulafia nach dem Sefer Jezira 2,1

Wie Avraham, ein Schüler Cordoveros, meditierte

In himmlischer Schönheit verborgener Gott,

Unbegreiflicher Verstand,

Erhabenster alles Erhabenen,

Mit der höchsten Krone Gekrönter,

Wir alle unterwerfen uns deiner Herrlichkeit.

Seit Beginn der Zeit

Besteht dein Gesetz.

Die Macht deiner verborgenen Weisheit

Kam aus dem Nichts, und doch aus Allem.

Der erste Schritt zur Weisheit ist Ehrfurcht vor Gott.

Aus den Flüssen der Erkenntnis schöpfen wir Glauben.

Ihr Wasser rinnt tief in die Seelen der Menschen hinab,

Und errichtet dort die Fünf Tore der Eingebung.

Gott erschafft die Gläubigen.

Isaak Luria

Isaak Luria gilt seit jeher als bedeutendster aller Kabbalisten; er ist auch bekannt als *Ari* (Löwe), das hebräische Akronym für »göttlicher Rabbi Isaak«. Seine Theorien hatten ungeheure Auswirkungen.

Luria, 1534 in Jerusalem geboren, verlor früh seinen Vater und wuchs bei seinem Onkel Mordechai, einem wohlhabenden Gelehrten, in Kairo auf. Nachdem er schon in jungen Jahren vermögend geworden war, widmete Isaak Luria sich zunächst dem Studium von *Talmud* und *Halacha*, später auch dem der *Kabbala*. Mit zwanzig Jahren zog er nach Safed zu Moses Cordovero.

Links: Seidenvorhang der Torah-Lade einer Istanbuler Lurianer-Gemeinde.

Nach Cordoveros Tod 1570 nahm er dessen Position ein und gewann als innovativer Theoretiker und genialer Mystiker großes Ansehen. Die Art, wie er seine mystische Gedankenwelt zum Ausdruck brachte – durch Meditation, aber auch durch viel Gesang, Freude und Naturnähe –, machte ihn einzigartig. Luria scharte viele Schüler um sich, die seine Ideen als »Missionare« in der jüdischen Welt verbreiteten. Er starb 1572 und sein Grab in Safed ist bis heute eine Pilgerstätte.

Lurias Lieblingsschüler und bester Freund, Chaim Vital, hat sich einen Namen gemacht, weil er Lurias Gedanken als Erster schriftlich niederlegte. Er sah sich auch als Hüter von dessen mystischem Vermächtnis.

Der 1542 in Safed geborene Vital hatte ebenfalls bei Cordovero Studien betrieben. Bald nach Lurias Ankunft schloss er sich diesem an, doch auch er selbst war ein namhafter Gelehrter und eine religiöse Autorität. Er war Rabbiner in Jerusalem und danach, bis zu seinem Tod 1620, in Damaskus.

Nach Lurias Ableben hatte Vital mit dessen zwölf wichtigsten Schülern vereinbart, seine Darstellungen der Theorien Lurias als maßgeblich anzuerkennen. Diese hielt er in zwei Büchern fest: *Ez Chajim* (*Lebensbaum*) und *Ez ha-Daat* (*Baum der Erkenntnis*). Zwar wollten andere ihm seinen Rang später streitig machen, doch Vital blieb die wichtigste Quelle zu Lurias Denken und Handeln.

»In Vorbereitung auf das tägliche Gebet stelle man sich als Bettler am Königspalast vor. Mit dem gefransten Schultertuch, mit Tefillin um Kopf und Herz spreche man den großen Namen aus: Adonai, Herr. Dann steigt ein Löwe, der Erzengel Michael, herab und trägt die Worte zum Himmel.«

SOHAR I,23B

Andacht und Ekstase

Luria führte eine ekstatische Form des Gottesdienstes voll ausgelassener Freude ein und verursachte mit revolutionären mystischen Theorien im Judentum eine neue Woge religiöser Andacht.

Im 16. Jahrhundert litten die Juden noch immer unter dem Verlust des Tempels und ihrer Heimat. Die jüngsten Vertreibungen, z. B. aus Spanien, hatten die Niedergeschlagenheit vertieft. Luria, wie alle Kabbalisten der traditionellen Religion sehr verbunden, musste feststellen, dass diese ihre Faszination sowie die Kraft zur Erneuerung verloren hatte.

Er forderte, jede Handlung – religiös oder profan – Gott zu widmen. Denn da alle menschlichen Taten sich auf spiritueller Ebene widerspiegelten, wirkten sie sich auf die Seele aus. »Das Richtige zu tun« sei noch nicht genug: Man müsse sich seinem Handeln ganz und gar widmen. Luria empfahl vor allen Ritualen folgende Meditation: »Siehe, ich bin bereit, eine Handlung zu begehen, die mich mit meinem Schöpfer vereint.«

Um Gebeten mehr Ausdruckskraft zu verleihen, vertonte Luria diese, während man Gesang zuvor aus Trauer um den Tempel gemieden hatte. Er war ein großartiger Lyriker. Viele seiner Lieder sind in die orthodoxe Liturgie eingegangen.

Luria lag daran, dem Gebet seine starre Form zu nehmen. Er ermutigte seine Schüler, die Synagoge zu verlassen, sooft ihre Seele sich danach sehne, um auf den Feldern zu tanzen und zu beten. Ekstase in die Anbetung Gottes zurückzubringen, das war Lurias Anliegen.

Sabbetai Zvi

Durch das Schicksal des Judentums und die Sehnsucht nach Erlösung bewegt, hielten sich einige Kabbalisten wegen ihrer mystischen Fähigkeiten für messianische Vermittler göttlicher Gnade.

Der bei weitem auffälligste »falsche« Messias war der 1626 in Smyrna geborene Sabbetai Zvi. Als angesehener Kabbalist erklärte er sich 1665 nach einer Begegnung mit Nathan Benjamin Levi in Gaza zum Messias. Er verkündete, für die Juden sei die Zeit der Rückkehr nach Jerusalem gekommen.

Zvi schwankte zwischen depressiven und ekstatischen Phasen; in letzteren brach er offen jüdische Gesetze und rechtfertigte das als göttliche Eingebung. Sein Verhalten spaltete die Gemeinden und viele Rabbiner wandten sich von ihm ab. Aber Zvi gewann schnell eine große Anhängerschaft.

Zwar wurde er 1666 in Konstantinopel verhaftet und trat unter Androhung der Todesstrafe zum Islam über. Aber viele Anhänger blieben ihm treu und sagten, er sei konvertiert, um das Böse von innen her zu bekämpfen.

Rechts: Zvi fand weltweit Anhänger, die sich seinen messianischen Ritualen und asketischen Übungen anschlossen.

KAPITEL SECHS

LURIANISCHE KABBALA

Das spirituelle Vermächtnis von Isaak Luria hatte

ungeheure Auswirkungen auf das Judentum.

Gleichwohl widmete er sich intensiv der

jüdischen Tradition als Basis für die Kabbala.

Er sah in der Mystik eine natürliche Ergänzung

und Vervollkommnung der orthodoxen Religion.

Zimzum

Die Theorie des Zimzum ist eine von Lurias interessantesten und umstrittensten Überlegungen. Mit ihr will er sowohl die Schöpfung als auch den Ursprung von Gut und Böse erklären.

Alle früheren Schöpfungstheorien stellten Luria nicht zufrieden. Die orthodoxe Vorstellung, Gott habe die Welt aus dem Nichts erschaffen, schien diesen zu sehr von seinem Universum zu trennen. Und ältere mystische Theorien, Gott habe die Welt aus sich selbst erschaffen, ließen offen, warum die Menschheit dann so wenig gottgleich handele. Lurias Lösung lautete Zimzum (etwa »Schrumpfung«).

Frühere Mystiker vertraten die Ansicht, Gott habe im ersten Schöpfungsakt Energie ausgestrahlt und so das Universum befruchtet. Aber Luria zufolge hat der unendliche *En Sof* zunächst »eingeatmet« und sich dadurch in sich selbst reduziert. Gott blieb alles, was er zuvor gewesen war, schuf aber »Raum«, um das Universum zu erzeugen. Dann strahlte er das göttliche »Licht« aus, das die Schöpfung in Gang setzte. Da das Licht aber zu stark für die Welt war, zügelte er dessen Kraft, indem er es durch die *Sephiroth* – die Vermittler zwischen *En Sof* und der Welt – filterte.

KETHER

CHOKMA

BINA

GEBURA

CHESED

TIFERETH

HOD

NEZACH

JESOD

SCHECHINA

מלכות

יסוד

נצה

הוד

תפארת

חסר

גבורה

בינה

חכמה

כתר

In Lurias Theorie ist Gottes erste Tat ein Akt der Begrenzung, des Rückzugs. Aber weil die Phase der Emanation nur vage beschrieben ist, war später umstritten, was er exakt gemeint habe.

Für einige Kabbalisten behielt Gott nach Lurias These im Schrumpfen zwar alle Eigenschaften, doch seien diese dabei in Unordnung geraten. Aus diesem »Chaos« ging dann *Gebura* (Kraft), die man mit dem strafenden Gott assoziiert, als dominante Eigenschaft hervor. *Gebura* erschuf das Universum und ordnete sich alles unter, sogar die Gnade. Daher wirkt das Universum auf uns manchmal hart und grausam. Aber nach Meinung anderer kam es im

Links: Die sphärische Anordnung der Sephiroth zeigt den Einfluss der geozentrischen Kosmologie des Mittelalters.

Tehiru (Reich der Reinheit) genannten Raum, aus dem Gott sich zurückgezogen hatte, zur Vereinigung von *Gebura* und Gottes lichtförmiger Energie, wodurch die Welt erzeugt worden sei.

Vital zufolge meinte Luria, in *En Sof* sei bei der Schrumpfung eine Art Leere entstanden: In dieser wurden multidimensionale, konzentrische Gefäße gebildet, die die *Sephiroth* enthielten. *En Sof* und die *Sephiroth* wirken seitdem aufeinander ein: *En Sof* steigt in die *Sephiroth* hinab und veranlasst sie durch *Hitpaschtut* (Ausdehnung), alles entstehen zu lassen. Die *Sephiroth* wiederum begeben sich aus der materiellen Welt in *En Sof* und erzeugen durch diesen *Histalkut* (Auszug) negative Energie. Dieser pulsierende Wechsel, Nehmen und Geben, erzeugt in uns das Gefühl göttlichen Wirkens in der Welt.

Das Wesen Gottes

Als die Kabbalisten nach den Namen Gottes suchten, wollten sie das Göttliche dadurch zugleich verstehen und erklären. Luria entwickelte diesen Ansatz weiter und versuchte, auch das Verhältnis genau zu bestimmen, in dem Gott zu seiner Schöpfung steht.

Zur Zeit des *Sohar* ersannen Mystiker viele neue Namen für Gott, die sich auf seine unterschiedlichen Eigenschaften bezogen. Luria und seine Schüler setzten diese Praxis fort und fügten weitere geheime Namen hinzu.

Diese waren teils Kombinationen der Buchstaben *Jodh*, *He* und *Waw* (aus dem biblischen Hauptnamen Gottes), teils Permutationen sämtlicher Lettern des Alphabets, z. B. in *Anah Bekoach* oder der *Meditation der 231 Tore*.

Während frühere Gelehrte Gott mit diesen Namen erklären wollten, sahen die Lurianer die Suche danach als wichtigen Weg, um mit ihm *eins* zu werden: Welche der göttlichen Energien in spezifischen Situationen helfen kann, erfordert sorgfältige Überlegung. Ist der richtige »unaussprechliche« Name gefunden, muss man über diesen nachsinnen. Man kann ihn dafür auf ein Amulett schreiben oder in seine Gebete einfügen und so über ihn meditieren.

> »En Sof *ist die Seele der Seelen der Sephiroth, und diese sind die Seelen von allem* […] *Wenn En Sof den Azilut erschafft* […] *werden diese Seelen im Universum verteilt. Das führt zur Berijah, und diese zur Jezira, bis die Jezira den Azilut in die Assija leitet. All dies geschieht ununterbrochen.«*
>
> **JESCHAIA HOROWITZ (1560–1630), GESCHICHTE DER MENSCHHEIT**

DIE VIER WELTEN

Luria und seine Anhänger suchten aber nicht nur Gottes Namen: Sie wollten nicht nur wissen, wer Gott ist, sondern auch genau erfahren, wie er agiert und auf welche Weise er in der Welt wirksam ist. All dies erklärten sie in der Theorie der »Vier Welten«.

Die Grundvorstellung der »Vier Welten« geht zwar auf den *Sefer Jezira* zurück, Luria bezieht sie aber spezi-

fischer auf Gottes Verhältnis zum Universum. Während die Theorien von *Zimzum,* Emanation und den *Sephiroth* die Stadien der Schöpfung beschreiben, beziehen sich die »Vier Welten« auf die darin vorliegenden Handlungsweisen.

Man kann die »Welten« analog dazu verstehen, wie der Mensch etwas erschafft: Als Erstes entscheidet er, etwas herzustellen: Das ist die Welt des *Azilut* (Emanation). Dann entwickelt er Ideen dafür (*Berija,* Schöpfung). Als Nächstes

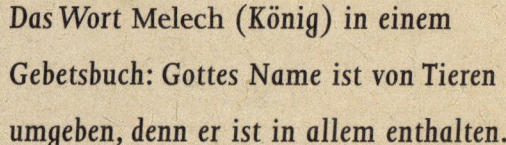

Das Wort Melech (König) in einem Gebetsbuch: Gottes Name ist von Tieren umgeben, denn er ist in allem enthalten.

Welt des *Azilut*. Die der *Berija* enthält das mystische Wissen, den Thronwagen und die Erzengel. In der *Jezira* existieren die übrigen Engel, die menschlichen Seelen und die Kräfte der *Sitra Achra* (»Rückseite«). Als vierte ist die *Assija* schließlich die materielle Welt.

entwirft er einen Plan und sammelt Baumaterial: *Jezira* (Formung). Schließlich folgt die Montage, die eigentliche Herstellung: das ist die Welt der *Assija* (Umsetzung).

Es mag verwirrend klingen, aber diese Aspekte der Schöpfungs existieren gleichzeitig. Sie beschreiben keinen Ablauf, sondern den unterschiedlichen Grad göttlicher Beteiligung. Gott am nächsten ist die ewige, himmlische

Die Welten helfen auch, zu erklären, wie Gott sich den Menschen mitteilt: Sein Wirken innerhalb des Universums ist manchmal direkt und unmittelbar, bisweilen aber geschieht es auch indirekt, z. B. mit Hilfe von Engeln. Und sobald wir verstehen, wie Gott seine Energie auf die Erde hinabsendet, tun wir den ersten Schritt, um in das Reich des Göttlichen hinaufzusteigen.

Das Gebet von Nechunia Ben ha-Kna

Dies ist eines der wichtigsten kabbalistischen Gebete, nach seinem
hebräischen Beginn auch *Anah Bekoach* (»Ich flehe dich an«) genannt.
Die Iniatialen der Wörter bilden im Original einen »Namen« Gottes,
der vielfach *Schiwiti*-Amulette und Gebetstücher ziert.

Ich flehe Dich an, bei der Macht Deiner Rechten,
Löse die engen Fesseln unseres Körpers.
Erhöre das Lied Deines Volkes,
Erhöhe unsere Seelen und reinige uns.
Großer Einer, mögest Du Deine Getreuen ausfindig machen
Und sie wie Deinen Augapfel hüten.
Segne sie, reinige sie, schenke ihnen ewige Gnade,
Durch Deine barmherzige Milde.
Heiliger Beschützer, führe Deine Gemeinde
durch Deine Güte zur Vollkommenheit.

Aus Lurias Gebetsbuch

Gut und Böse II

In allen Religionen ist eine der schwierigsten Fragen, wie das Böse entstehen konnte und warum Gott dessen Existenz zulässt. Die Kabbala, und vor allem Luria, bieten hierzu einzigartige Erklärungen.

Luria zufolge gibt es zwei unterschiedliche, aber miteinander verknüpfte Arten von Gut und Böse. Zum einen in der Schöpfung, zum anderen bei den Menschen.

Als En Sof zu Beginn der Schöpfung schrumpfte, stellte er vollkommene, mit göttlichem Licht gefüllte Gefäße in die entstehende Leere. Einige von

diesen überstanden En Sofs Rückzug nicht und zersprangen. Die oberen drei Sephiroth – Seele und Verstand zugeordnet – konnten das Licht bewahren; die niederen, »körperlicheren« sieben jedoch nicht. Durch diese Katastrophe des Schewirat Keilim (Bruch der Gefäße) trat einerseits göttliches Licht aus: die Quelle des Guten in der Welt. Gleichzeitig entstanden aber auch die unvollständigen, unvollkommenen Klippot (Scherben): Sie werden als die Ursache des Bösen in der Schöpfung angesehen.

Links: Mem (rechts) repräsentiert das *Gute*, Sin (links) das *Böse*. Aleph, der Drehpunkt, verkörpert ihr *Gleichgewicht*.

Torah-Schmuck in Form einer Krone. Das Befolgen der Torah macht die Schöpfung wieder rein.

Manche behaupten daher, dass die bestehende Welt nicht die von Gott ursprünglich geplante sei – die Existenz des Bösen stelle eine Art Unfall dar. Aber es ist denkbar, dass Gott unseren Seelen so die Gelegenheit geben wollte, sich um die Korrektur dieses mangelhaften Systems zu bemühen: Denn die Scherben sind nicht böse, sondern nur unvollständig. Die Seele muss daher versuchen, sie erneut zusammenzufügen. Damit kommen wir zu Gut und Böse im menschlichen Handeln: Weil wir aus *Klippot* und göttlichem Licht geschaffen sind, sind auch wir nicht substanziell schlecht, sondern nur unvoll-

kommen. Deshalb entscheiden wir uns, wie Adam und Eva, manchmal falsch.

Um uns zu vervollkommnen, müssen wir eins mit Gott werden, indem wir die *Torah* unter Einbindung unseres Körpers und aller *Sephiroth* befolgen. Jeder kann sich »verbessern«, und wenn sich genügend Seelen reinigen, können wir das Universum vollenden.

Vorbereitung auf das Morgengebet

Dieses *Kawwana* hebt die Bedeutung des *Talit* hervor, eines zum Gebet getragenen Schultertuchs mit Fransen, das eine schützende Aura um den Körper erzeugt.

Siehe, ich bin bereit.

Ich gebe mich Deinem heiligen Namen hin,
gesegnet sei er,
und Deiner göttlichen Gegenwart.

Zitternd vor Dir bitte ich um Deine Gnade,
und während ich um Deine Gnade bitte, verkünde ich die göttliche Einheit,
dargestellt von den Buchstaben *Jodh* und *He*
zusammen mit *Waw* und *He*.

Dies ist die vollkommene Einheit Gottes, wie
sie für sein ganzes Volk Gültigkeit besitzt.

Und mit ihr, in Gestalt des Schultertuchs und
der Fransen, bedecke ich meinen Körper.

All meine 248 Glieder und 365 Sehnen sind
mit dem Göttlichen gekleidet, das durch
Deine 613 Gebote auf die Erde herabstieg.

Möge ich so, wie ich mich in dieser Welt
bedecke, von Dir die heilige Kleidung, das
Gewand der Gelehrsamkeit gewinnen.

In der kommenden Welt, dem Garten Eden.

Möge diese Kleidung mich, mein Leben,
meine Seele und meinen Geist vor allen
äußeren Kräften behüten. Und möge es
mich behüten wie ein Adler seine Jungen.

Aus Lurias Gebetsbuch

Adam Kadmon

Adam Kadmon bedeutet wörtlich »Urmensch«. Frühe Kabbalisten bezeichneten so den ersten Menschen, den Gott im Garten Eden erschaffen hatte. Aber Luria dehnte die Bedeutung des Begriffs auf den gesamten Urstoff aus, aus dem die Menschheit entstand.

Lurias Theorie über den *Adam Kadmon* war Anlass heftiger Kontroversen. Er nahm an, dass in der ersten Phase der Emanation – nach dem Rückzug von *En Sof* im *Zimzum* – eine Art verfeinerter Materie namens *Adam Kadmon* entstand. Dies war nicht nur der Urmensch, sondern der Grunstoff für die gesamte Schöpfung. In der Theorie der »Vier Welten« ist *Adam Kadmon* das in der *Jezira* (Formung) gesammelte Material.

In dieser Tradition wird *Adam Kadmon* oft als Kreis um andere Kreise dargestellt: Ein Symbol für die Anwesenheit der *Sephiroth* in der Welt, durch die alles von Gottes unterschiedlichen Energien erfüllt ist. Manchmal ist *Adam Kadmon* als Eizelle abgebildet, die erst allmählich menschliche Gestalt annimmt: Hier ist, anders als in früheren kabbalistischen Vorstellungen, bei denen sich die *Sephiroth* zu allen Zeiten auf spezifische Körperteile des Men-

Der Golem

Aus der Idee des *Adam Kadmon* entstand die Vorstellung vom Golem. Das hebräische Wort bedeutet eigentlich »Materie« und wurde von den jüdischen Philosophen im Allgemeinen verwendet, um die niedrigste Stufe menschlicher Existenz zu beschreiben: In der *Bibel* ist der Golem der aus dem Staub der Erde erschaffene Adam, bevor Gott ihm *Neschama* (Lebenskraft) einhaucht.

Einige Kabbalisten versuchten sich daran, einen »Übermenschen« zu erschaffen, der die Juden beschützen sollte. Da *Neschama* das Wort *Schem* (Name) enthält, glaubten sie, ihn durch Aufschrift des richtigen Namen Gottes zum Leben zu erwecken.

schen beziehen, dieser anfangs also noch nicht voll ausgebildet, vielmehr entwickelt er sich organisch. Gottes sämtliche Energien wirken dadurch auf seinen gesamten Körper ein.

Mit dem Kreismodell des *Adam Kadmon* verknüpfte Luria auch die verschiedenen Arten der Seele: Ganz außen liegt *Nefesch* (Lebenskraft), weiter innen *Ruach* (Geist) und *Neschama* (Lebenshauch); dann *Ot* (Essenz des Lebens) und im Mittelpunkt schließlich *Jeschida* (Einheit), die dem göttlichen Ursprung am nächsten ist. So, wie die *Sephiroth Adam Kadmon* durchdringen, enthält auch er alle Arten der Seele.

Tikkun

Tikkun (»Heilung«) beschreibt, wie wir in uns selbst und der stofflichen Welt Vollkommenheit erreichen können. Dazu müssen wir ein auf die Seele ausgerichtetes Leben führen, in dem wir versuchen, Gott durch kabbalistisches Handeln nahe zu kommen.

Die Idee des Tikkun gab es bereits vor Luria, er aber machte sie ausdrücklich zum Ziel spiritueller Betätigung, indem er sie mit seinen Schöpfungsideen verknüpfte: Alle sollten intensiv das göttliche Licht suchen und sich bemühen, die *Klippot* zu reparieren, um die Welt so in ihrer vollendeten Form zu erneuern.

Jeder muss gottgefällig leben, um das Tikkun zu ermöglichen, die Neuschöpfung der *Welt* als vollkommenes Ganzes.

»Drei Bereiche sind von Gott getrennt, und diese kann man heilen: Erstens das Selbst, zweitens die Welt und drittens die Gegenwart Gottes in der Welt. Alle diese waren im göttlichen En Sof vereint, bevor die Katastrophe der Schöpfung das Chaos erzeugte.«

JESCHAIA HOROWITZ (1560–1630), DIE ZWEI TAFELN DES BUNDES

Weil es direkt von *En Sof* stammt, kann das göttliche Licht unseren Geist befähigen, die Welt zu korrigieren. Um es zu finden, müssen wir die *Torah* befolgen, meditieren und Praktiken wie *Dewekut* und *Kawwanot* einsetzen. Zugleich müssen wir die Hindernisse meistern, die aus den *Klippot* entstehen.

Es reicht aber nicht, diese einzelnen Schritte mechanisch zu befolgen. Der Prozess des *Tikkun* kann nicht gelingen, wenn wir nicht permanent über alle Aspekte der *Sephiroth* nachdenken, wie sie in uns und in Gott existieren. Wir sollten die *Sephiroth* bei allen Gedanken und Handlungen, nicht nur den religiösen, im Blick haben und uns stets fragen: »Denke ich mit *Bina* und *Chokma*, handle ich mit *Gebura* und *Chesed*?« Unser ganzes Dasein muss in diesen Prozess der »Aussöhnung« eingebunden sein, und das muss für jeden gelten, damit das *Tikkun* vollbracht werden kann.

Reinheit

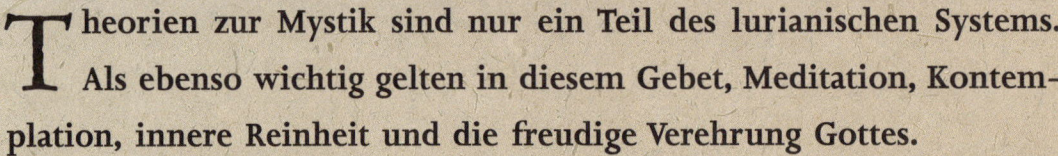

Theorien zur Mystik sind nur ein Teil des lurianischen Systems. Als ebenso wichtig gelten in diesem Gebet, Meditation, Kontemplation, innere Reinheit und die freudige Verehrung Gottes.

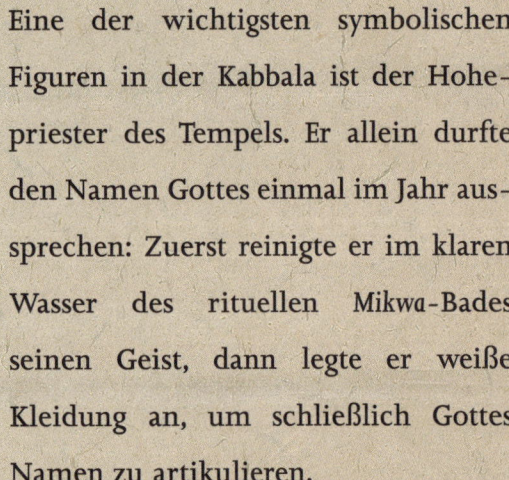

Eine der wichtigsten symbolischen Figuren in der Kabbala ist der Hohepriester des Tempels. Er allein durfte den Namen Gottes einmal im Jahr aussprechen: Zuerst reinigte er im klaren Wasser des rituellen Mikwa-Bades seinen Geist, dann legte er weiße Kleidung an, um schließlich Gottes Namen zu artikulieren.

Luria übernahm diese Motive in seine Lehre. Es war – und ist – jüdischer Brauch, sich vor dem Gebet zu waschen. Aber Luria forderte, dass jeder Tag mit der Mikwa beginne, um den Körper in den Dienst Gottes zu stellen. Luria und seine Anhänger trugen zudem einfache weiße Kappen, Hänger und Schultertücher um den Kopf, um sich daran zu erinnern, dass sie diese Reinheit den ganzen Tag über beibehalten mussten.

Lurias Anhänger bereiteten sich auf ihre Gebete mit Ritualen vor, die im Tempel praktiziert worden waren: Sie verbeugten sich und warfen sich zu Boden. Bei Sonnenaufgang bestand ihr

Gottesdienst darin, Richtung Jerusalem zu gehen und dabei Psalme zu singen.

Luria führte die *Kabbalat Schabbat* (Sabbat-Empfängnis) ein, die heute in vielen Synagogen praktiziert wird. In Vorbereitung auf die Freitagabend-andacht liest man das mystische Gedicht *Lecha Dodi* (*Geh, Geliebter*) und beugt sich in Richtung des Sonnen-untergangs. *Kabbalat Schabbat* sollte den anbrechenden Sabbat für den Einzelnen bedeutsamer machen: Der Tag wird als Braut Israels begrüßt, weil sich an ihm Gottes Glanz in Form der *Schechina*, der weiblichen Gegenwart Gottes, zeigt.

Luria betonte auch die Bedeutung des Genusses und dehnte z. B. die Fest-tagsmahle aus. Er meinte, wer nicht ein gewisses Maß an Freude genieße, ver-schmähe ein Geschenk Gottes.

»Mit Reinheit erhöht man Herz und Geist. So heißt es in den Psalmen: ›Gott hat ein reines Herz erschaffen.‹ Der Zweck der Reinheit besteht darin, in sich keinen Platz und um sich herum keine Gelegenheit für die Versuchungen des Bösen aufkommen zu lassen. Alles Tun soll auf Weisheit und Achtung vor Gott, nicht auf Verlangen oder dem Bösen gegründet sein. Dies gilt für den Körper genauso wie für den Geist.«

MOSES CHAIM LUZZATTO (1707–1746), DIE PFADE DES GERECHTEN

Meditation über die Reinheit

Vor dem Essen oder dem Gebet müssen wir uns reinigen.
Folgendes spricht man, bevor die Hände mit Wasser gewaschen werden.

Ich bin bereit, mich in Deinem heiligen Namen zu säubern, damit ich Deinen Willen in Reinheit und Vollkommenheit erfüllen möge.

Die rechte Hand erhebe ich zur Mutter, meine fünf Finger sind ihre fünf *Sephiroth*; sie zeigen zum Himmel hinauf, aber ihre Unreinheit zieht sie hinab. Ich senke sie, erhebe mit der Linken den Kelch und lasse reines Wasser vom Handgelenk bis über die Finger strömen.

Ich nehme den Kelch mit meiner rechten Hand. Ich erhebe meine Linke zum Vater mit seinen fünf *Sephiroth*. Ich senke sie, um ihre Unreinheit zu tilgen, erhebe mit meiner Rechten den Kelch und lasse reines Wasser über die Linke vom Handgelenk bis über die Finger strömen.

Bevor ich esse, muss ich jede Hand drei Mal waschen. Aber diese Heiligkeit übersteigt jene, die die Priester des Heiligen Tempels – möge er in unseren Tagen wiedererstehen – vor dem Essen ihres Zehnten erlangen mussten.

Chaim Vital, aus dem Hanhagot ha-Ari

ויהי בימי אחשורוש הוא אח
שורוש המלך מהדו
ועד כוש שבע ועשרים ומאה מדינה
בימים ההם כשבת המלך אחשורוש על כסא מלכותו
אשר בשושן הבירה בשנת שלוש למלכו עשה משתה
לכל שריו ועבדיו חיל פרס ומדי הפרתמים ושרי
המדינות לפניו בהראתו את עשר כבוד מלכותו ואת
יקר תפארת גדולתו ימים רבים שמונים ומאת
יום ובמלואת הימים האלה עשה המלך לכל העם
הנמצאים בשושן הבירה למגדול ועד קטן משתה
שבעת ימים בחצר גנת ביתן המלך חור כרפס
ותכלת אחוז בחבלי בוץ וארגמן על גלילי
כסף ועמודי שש מטות זהב וכסף על רצפת בהט ושש
ודר וסחרת והשקות בכלי זהב וכלים מכלים שונים
ויין מלכות רב כיד המלך והשתיה כדת אין אנס
כי כן יסד המלך על כל רב ביתו לעשות כרצון איש ואיש
גם ושתי המלכה עשתה משתה נשים בית המלכות אשר למלך

KAPITEL SIEBEN

DIE KABBALA HEUTE

Nach falschen Messiasgestalten wie Sabbetai Zvi
verlor die Kabbala im »aufgeklärten« Westen
zunehmend an Anziehungskraft. In Osteuropa
hingegen wurde sie nun fast ausschließlich mit
dem Chassidismus identifiziert. Und im Nahen
Osten ordnete man die Mystik einigen wenigen
Meistern, den so genannten *Mekubbalim*, zu.

Von Luria zum Chassidismus

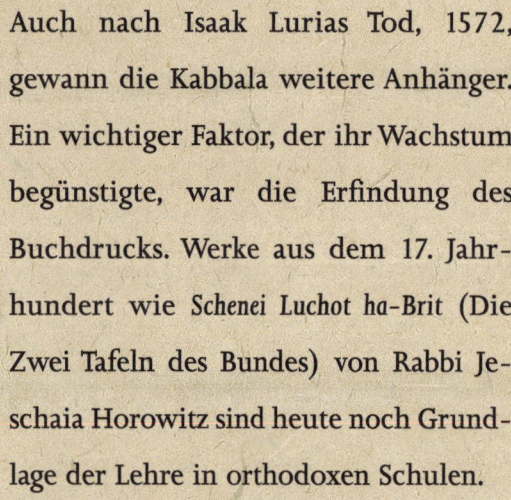

Als Folge der von Luria wieder belebten Mystik entwickelte sich im Osteuropa des 18. Jahrhunderts der Chassidismus. Er ist im heutigen Judentum die wohl wichtigste mystische Strömung.

Auch nach Isaak Lurias Tod, 1572, gewann die Kabbala weitere Anhänger. Ein wichtiger Faktor, der ihr Wachstum begünstigte, war die Erfindung des Buchdrucks. Werke aus dem 17. Jahrhundert wie *Schenei Luchot ha-Brit* (Die Zwei Tafeln des Bundes) von Rabbi Jeschaia Horowitz sind heute noch Grundlage der Lehre in orthodoxen Schulen.

Obwohl Sabbetai Zvi ein falscher Prophet war, hatte er zur Mitte des 17. Jahrhunderts dazu beigetragen, die Kabbala populär zu machen. Dagegen wollte einer der einflussreichsten Kabbalisten des Nahen Ostens die Mystik aus dem Blickpunkt der Öffentlichkeit nehmen: Für Schalom Scharabi von Jemen (1720–1777) sollte die Kabbala ausschließlich Gegenstand esoterischer Studien sein. Zu diesem Zweck gründete er in Jerusalem die Akademie von Beth El, die zur Lehrstätte vieler bedeutender Kabbalisten wurde, bis 1927 ein Erdbeben sie zerstörte.

In Osteuropa entwickelte sich die Kabbala in eine gänzlich andere Richtung, nachdem ein Mann, der sich als *Baal Schem Tow* bezeichnete, dort eine religiöse Bewegung gegründet hatte, die schnell äußerst populär geworden war: den Chassidismus.

DER BAAL SCHEM TOW

Israel Ben Eliezer, um 1698 in Podolia (heute Ukraine) geboren, wuchs in ärmlichen Verhältnissen auf. Im Alter von 36 Jahren erklärte er sich zu einem

Baal Schem Tow. Wörtlich bedeutet dies »Träger des guten Namens« und bezeichnet eine Person, die in der Lage ist, die Namen Gottes einzusetzen, um den Armen zu helfen oder zu heilen.

Der *Baal Schem Tow* zog durch die jüdischen Gemeinden Osteuropas, um zu lehren und »verlorene Seelen zu retten«. Obwohl er die *Torah* anerkannte, legte er den Schwerpunkt auf die individuelle Erhebung der Seelen durch *Devekut* (Eingliederung in Gott) in Form von Gebet, Gesang und Tanz. In seine Bewegung nahm er viele ungebildete Juden auf, die sich von den gelehrten Rabbinern abgelehnt fühlten. Er mied Synagogen, lehrte in den Wäldern und vermittelte den Menschen Hoffnung sowie ein Gefühl der Zugehörigkeit.

Diese Ereignisse weckten schnell das Misstrauen der etablierten Rabbiner –

sie fürchteten, die Lehre der *Torah* könne verwässert werden und das Judentum das Schicksal früherer Massenbewegungen erleiden. Die Juden in Osteuropa spalteten sich dadurch in zwei verfeindete Lager: Die *Chassidim*, benannt nach den *Chassidei Aschkenaz*, und die *Mitnagdim* (»Gegner«).

AUFSTIEG DES CHASSIDISMUS

Der *Baal Schem Tow* starb 1760, aber auch seine Nachfolger waren außergewöhnliche mystische Leitfiguren. Die ersten, Dov Baer von Mezerich und Jakov Josef von Polonoje, zwei charismatische Erneuerer, führten »Höfe« ein, an denen sich Anhänger bei ihren Lehrern versammeln und von ihnen lernen konnten. Man schickte »Missionare« nach ganz Osteuropa und in den Nahen Osten, und um die einzelnen

Der Zaddik

Chassidische Lehrer hießen *Rebbe*, um sie von dem akademischeren *Rabbi* zu unterscheiden. Der *Rebbe* galt als *Zaddik*, als heiliger Mann, der durch seine Persönlichkeit und Hingabe zu Gott die Gemeinde erleuchten sollte. Diese verbrachte Sabbat und Feiertage betend, singend, essend und trinkend am Hof des *Rebbe*.

Obwohl der *Rebbe* nie Mittler zwischen Gott und den Menschen sein sollte, sahen ihn viele Chassiden als solchen an. So kam der Brauch auf, ihm *Kwitelech* (schriftliche Segenswünsche) zuzustecken: für Familienmitglieder, um Gesundheit, Geld usw. Manche beschenkten den *Rebbe* oder machten ihn sogar zum Geschäftspartner.

Lehrer entstanden neue Gruppierungen (s. Kasten). Schon bald entwickelten sich daraus so genannte Dynastien.

Allen war die formlose Andacht und das Bemühen um ständige Hingabe an Gott gemeinsam – sowie besonderes Aussehen: lange schwarze Mäntel, Fellhüte und Bärte. Dies trug zu sozialem

Zusammenhalt bei und unterstützte das Gefühl, sich einem spirituellen Leben gewidmet zu haben.

Trotz der vielen Opfer im Holocaust hat der Chassidismus seine alte Stärke wiedergewonnen: Er ist die wichtigste mystische Strömung des Judentums – und er entwickelt sich ständig weiter.

Freude, Tanz und Musik

Von Beginn an verband der Chassidismus die holistischen mit den ekstatischen Aspekten der Kabbala. Jeder Teil von uns – Verstand, Körper und Seele – muss sich der Verehrung Gottes hingeben.

Zentrale Grundlage des Chassidismus ist *Psalm 100*, »Dient dem Herrn mit Freude und Jubel!«: Die Menschen sollen Sünde und Versuchung besiegen, indem sie aktiv nach *Simcha* (Freude) streben, statt nur passiv Verführungen zu meiden. Daher soll auch jede religiöse Handlung mit *Hitla'awut* (Begeisterung) ausgeführt werden.

Lieder und Musik spielen in der chassidischen Andacht eine maßgebliche Rolle. Jede Dynastie komponierte auf Grundlage der jeweiligen lokalen, nicht-jüdischen Traditionen Melodien, die dem Gottesdienst seine spezifische Note verliehen. Gegen entsprechende Kritik wurde diese Praxis damit gerechtfertigt, dass das göttliche Licht der erhabenen Andacht den »Schmutz«, der an der ursprünglich profanen Musik haften könnte, ausmerzen würde. In diesem Sinne kann nicht nur die Musik die Seele reinigen, sondern auch die Seele die Musik.

Für den Chassidismus gleichermaßen wichtig waren die instrumentalen

Niguním. Es gab lebhafte Stücke, die man als Tanzmusik einsetzte, aber auch ruhige, besinnliche, welche Andacht und Meditation fördern sollten. Bei Hochzeiten und Versammlungen innerhalb der Woche spielten diese Instrumentalstücke eine zentrale Rolle; zur Zeit der Chassidenhöfe traten zu solchen Anlässen auch Badchaním (Narren) auf.

Musikanten beim Passahfest in einer Darstellung aus dem 14. Jahrhundert.

Es gab dreierlei chassidische Tänze: das langsame Solo des Rebbe, die wilden Hora-Kreistänze junger Männer sowie Gruppentänze bei Prozessionen. Die Frauen tanzten getrennt von den Männern, aber keineswegs weniger lebhaft.

Chassidische Gebete

Im Gebet zeigt der Chassidismus seine Verbindung zur klassischen Kabbala am stärksten: Beten gilt als ein Weg, das Weltliche hinter sich zu lassen. Es ist nicht eine Gelegenheit, Gott um etwas zu bitten, vielmehr erreichen Menschen in ihm eine höhere Stufe der Existenz.

Der *Baal Schem Tow* sah im Gebet ein Mittel, das »Universum zu wärmen«. Einen Weg, damit den Menschen das göttliche Licht scheine, welches Hoffnung und »Erleuchtung« bringe. Aufgabe des Gebets sei es, schlechte und böse Gedanken – die von der »Rückseite« der *Sephiroth* kommen – zu überwinden und dann ins Gute umzuwandeln.

Zunächst beginnt man mit Hilfe des *Dibbur* (gesprochenen Wortes) zu beten, aber im Gebet muss der Mensch die Sprache hinter sich lassen und ins Reich der *Machschawa* (Gedanken) gelangen. Zu diesem Zweck spricht man die Gebete oft extrem schnell; man kann die Wortebene aber auch verlassen, indem man sich die gesprochenen Buchstaben vorstellt, denn deren Form kann unsere Gedanken auf Gott lenken. Die Buchstaben weichen zurück, sobald wir das Göttliche berühren.

Chassidische Gebete sind in mancher Hinsicht intensiv, in anderer

Ein Gebetbuch der Lubawitscher Chassidim-Bewegung.

dagegen entspannt. Betet man traditionell eher ruhig und besinnlich, untermalen die *Chassidim* ihre Gebete mit lebhaften Liedern und Rhythmen, wobei sie den ganzen Körper schütteln, um alle Glieder mit einzubeziehen. So geraten sie nach und nach in Ekstase. Diese *Awoda Gaschmi* (körperliche Verehrung) soll die *Awoda Ruchani* (geistige Andacht) begleiten.

Dabei ist das chassidische Gebet von einer familiären Atmosphäre geprägt. Es ist üblich, plötzliche Pausen einzulegen, um ein persönliches Gespräch mit Gott zu führen. Man betet mit der Überzeugung, mit einem Freund zu reden – nicht mit einem fernen Wesen.

Das Gebet von *Rebbe* Elimelech

Elimelech von Liszensk lebte im 18. Jahrhundert. Er glaubte, er könne helfen, die Seelen seiner Anhänger zu erheben, und war bekannt für seine Bittgebete.

Möge es Dein Wille sein, *JHWH*, unser und unserer Väter Gott.

Die aufrichtigen Rufe Deines Volkes gnädig zu vernehmen und den Gebeten Deiner Getreuen Gehör zu schenken.

Hilf unseren Herzen und bring unsere Gedanken auf den rechten Weg, damit Dich unsere Gebete leicht erreichen.

Neige Dein Ohr dem Flehen Deiner Diener, die mit erstickten Schreien um Gnade für ihre geschundenen Seelen flehen.

Du weißt vollkommen, wie schwach wir sind und wie schwer es uns fällt, Dir nahe zu kommen und uns mit Deinem göttlichen Geist zu verbinden.

Hilf uns, alle Ablenkungen von uns zu verscheuchen.

Verhindere, dass böse Gedanken zwischen Dich und uns treten können.

Mögen unsere Gedanken Dir gegenüber so rein und klar sein, dass wir ohne jeden Zweifel an Deine Göttlichkeit, Einheit und Güte glauben.

Meditation vor jedem Sabbatmahl

**Luria lehrte die Mahlzeiten – besonders am Sabbat und an den Feiertagen –
zu religiösen Zeremonien zu machen. Zum Beispiel, indem das Essen mit
Gottesdienst, Vorträgen aus der *Torah* oder mit Liedern verbunden wurde.**

Ich bereite dieses einzigartige Mahl zu,
das der Quelle des vollständigen und wahren Glaubens geweiht ist.
Und ich erfreue mich an der Gegenwart des Heiligen Königs.
Ich bereite das Mahl des Königs zu.
Dies ist das Mahl des niederen Gesichtes Gottes.
Der uralte Heilige Eine lädt uns ein, von der heiligen Speise zu essen,
die wir zu diesem Mahl mit ihm gereicht haben.

Isaak Luria

Die mystischen Traditionen: damals und heute

Die Kabbala hat immer wieder neue Denkrichtungen entwickelt und damit sogar andere Religionen beeinflusst. Heute erfreut sie sich bei Juden wie Nicht-Juden eines großen Interesses, wenngleich die Lehren mancher populären Sekten wenig authentisch sind.

WUNDERTÄTER

Seit die meisten Juden Safed im 17. Jahrhundert verließen, weil die dortige Textilindustrie zu Grunde ging, verläuft die Tradition der Mystik in getrennten Bahnen. In Osteuropa blühte der Chassidismus auf; in Syrien, dem Jemen und Nordafrika fasste die Mystik hingegen Fuß, ohne dass es bedeutende Sekten oder Massenbewegungen gegeben hätte. Die Rabbiner selbst integrierten in fast allen Gemeinden die Kabbala in die allgemeine Glaubenslehre. So konnten sie die Mystik zum einen kontrollieren, vor allem aber dazu nutzen, um den Armen mit kabbalistischen Zaubern und Segnungen zu helfen und Trost zu spenden.

Einige dieser Rabbiner, die auch die authentische kabbalistische Praxis beherrschten, wurden als *Mekubbalim* (Meister) verehrt. Aus diesen Gemeinden stammen ursprünglch die meisten echten praktischen Kabbalisten des heutigen Israel. Doch gaben sich damals einzelne auch als »Wunder-Rabbiner« mit »Fähigkeiten« wie der Handlesekunst und Weissagung aus.

CHRISTLICHE KABBALA

Schon im 15. Jahrhundert erregte der Sohar das Interesse christlicher Theolo-

gen. Einige Päpste wiesen auf die Kabbala als gefährlich und subversiv hin, andere dagegen begrüßten sie als einen Beitrag zum christlichen Glauben.

Der Florentiner Giovanni Pico Della Mirandola (1463–1494) war der erste

Buntglasfenster der Zentralen National-bibliothek in Israel mit den Sephiroth in der Form des »Lebensbaums«.

bedeutende christliche Theologe, der sich mit der Kabbala auseinander setzte. Er studierte bei spanischen Juden den *Sohar* und hielt 1486 in Rom Vorlesungen über die Kabbala. Deren Vorstellungen von den *Sephiroth*, über die Gott mit den Menschen in Verbindung stehe, untermauerten seiner Ansicht nach die Dreifaltigkeitslehre.

Von Mirandola beeinflusst verfasste Johannes Reuchlin, ein deutscher Hebraist und Theologe, 1517 *Über die Wissenschaft der Kabbala*. Reuchlin vertrat aufgrund der kabbalistischen Idee, dass Gott sich in verschiedenen Namen zeige, die Meinung, die göttlichen Offenbarungen hätten sich ständig gesteigert: bis zur Erscheinung Gottes als *Schaddai* (Jesus). Auf diese Gelehrten folgten der Franzose Guillaume Postel, der *Sefer Jezira* und *Sohar* ins Lateinische

übersetzte, und Knorr von Rosenroth, der die jüdische Mystik 1684 in der *Kabbala Denudata* erstmals einem breiten christlichen Publikum erklärte.

Jedoch blieb die Kabbala trotz dieses Interesses und der gemeinsamen Wurzeln von Juden- und Christentum in letzterem nur eine Randerscheinung.

DIE KABBALA HEUTE

Die jüdische Mystik beinhaltet seit jeher ein starkes messianisches Element – die Vorstellung eines Erlösers, der Frieden bringt und die Rückkehr nach Israel ermöglicht. Aber erst 1948 hatten die Juden die Mittel und das Selbstbewusstsein, den Staat Israel zu gründen. Diese Rückkehr ließ auch die Hoffnung auf einen Messias neu aufleben und führte zu immer mehr kabbalistischen Studienzentren.

Israel wurde auch zur Heimat des in Deutschland geborenen Gelehrten Gershom Scholem (1897–1982). Er hat im 20. Jahrhundert vielleicht mehr als jeder andere dazu beigetragen, das ernsthafte Studium der Kabbala neu zu etablieren. Leider zeigt sich in der heutigen Zeit eine Kluft zwischen akademischer Theorie und praktischer Lebensführung gemäß der Kabbala.

Außerdem verbreiten viele neue Gruppierungen in der westlichen Welt eine »verwässerte« Kabbala: Durch den technischen Fortschritt neigen die Menschen dazu, es sich auch dann einfach zu machen, wenn es um das Verständnis des Universums geht. Und da vielen die westlichen Religionen weder leicht zugänglich noch »chic« erscheinen, hat sich eine solche Mystik zur beliebten Alternative entwickelt.

Doch die wahre kabbalistische Lehre muss tief in jüdischer Lebensführung verankert sein, sonst ist sie trivial und oberflächlich: Man kann seelische Erfüllung nicht in Form von Kerzen oder roten Bändeln kaufen. In Gänze zu erleben ist die Kabbala heute aber lediglich in einigen Zentren in Israel – wenn man sie studiert hat und ein auf die Seele ausgerichtetes Leben führt.

Doch auch ohne solch ein Erlebnis können wir vieles aus der Kabbala lernen. Sie hilft uns, den Menschen genauer zu verstehen und sein Dasein zu verbessern: Ihr holistischer Ansatz erklärt, wie alle Aspekte unseres Lebens – Körper, Verstand, Gefühle und Seele – aufeinander einwirken und wie wir sie ins Gleichgewicht bringen können, um unser Leben und das unserer Mitmenschen auf eine höhere Stufe zu heben.

Zeittafel

Die in diesem Buch erwähnten Epochen, Ereignisse, Personen und Schriftwerke finden Sie hier in chronologischer Ordnung. Die Jahreszahlen folgen dem allgemeinen Standard des Gregorianischen Kalenders. Buchtitel sind kursiv gehalten.

ca. 1900–1600 v. Chr.	Epoche der »Väter«
ca. 1250–1230 v. Chr.	Auszug aus Ägypten
1084–1014 v. Chr.	König David
9. Jh. v. Chr.	*Elias*
8. Jh. v. Chr.	*Jesaia*
722 v. Chr.	Zerstörung des nördlichen Königreichs (Israel)
586 v. Chr.	Zerstörung Jerusalems und des Ersten Tempels
6. Jh. v. Chr.	*Ezechiel*
586–538 v. Chr.	Babylonische Gefangenschaft
538 v. Chr.	Erste Rückkehr nach Israel
ca. 520–515 v. Chr.	Bau des Zweiten Tempels
ca. 5. Jh. v. Chr.	*Daniel*
356–323 v. Chr.	Alexander der Große
323–331 v. Chr.	Hellenismus
168–137 v. Chr.	Makkabäer-Könige; Gemeinschaft in Qumran am Toten Meer
ca. 37 v. Chr. bis 4 n. Chr.	Regierungszeit des Herodes
70 n. Chr.	Zerstörung Jerusalems und des Zweiten Tempels
1. Jh.	Schimon Ben Jochai und Nechunia Ben ha-Kna
ca. 135 bis *ca.* 220	Prinz Judas
ca. 200	Abfassung der *Mischna*
ca. 200–1300	*Hekalot*-Literatur
ca. 200 bis *ca.* 600	*Sefer Jezira* (Buch der Formung)

ca. 300	Abfassung des Jerusalemer *Talmud*
ca. 6. Jh.	Abfassung des Babylonischen *Talmud*
8.–9. Jh.	Jüdische Einwanderung nach Nordeuropa und Spanien
1040–1105	Rabbi Schlomo Jizchaki (Raschi)
1095–1291	Kreuzzüge
ca. 12. Jh.	*Bahir (Buch des Lichts)*
12.–13. Jh.	Chassidei Aschkenaz (*fromme Deutsche*)
1135–1204	Maimonides (Moses Ben Maimon)
ca. 1160–1236	Isaak der Blinde
1182	Vertreibung der Juden aus Frankreich
1194–1270	Nachmanides (Moses Ben Nachman)
1240 bis ca. 1291	Abraham Abulafia
1248 bis ca. 1325	Josef Gikatilla
ca. 1250–1305	Moses de León
ca. 1290	*Sohar (Buch des Glanzes)*
1488–1575	Josef Karo
1492	Vertreibung der Juden aus Spanien
1500	Ansiedlung in Safed
1522–1570	Moses Cordovero
1525–1609	Juda Loew, Hohe Rabbi von Prag
1534–1572	Isaak Luria
ca. 1542–1620	Chaim Vital
1560–1630	Jeschaia Horowitz (Schela)
1626–1676	Sabbatei Zvi
ca. 1698–1760	Baal Schem Tow
1707–1746	Moses Chaim Luzzatto
18. Jh.	Mystiker von Beth El
1897–1982	Gershom Scholem
1948	Gründung des Staates Israel

Glossar

Adam Kadmon Urmensch; nach Luria die Urmaterie der ganzen Schöpfung.

Baal Schem Tow 1) Begründer des Chassidismus. 2) Mystiker, der mit Gottes Namen die Welt verändern kann.

Bahir (*Buch des Lichts*) Bedeutender mystischer Text aus dem 12. Jh., Rabbi Nechunia Ben ha-Kna zugeschrieben.

Bina Die *Sephira* »Verstand«.

Chassidei Aschkenaz (»fromme Deutsche«) Asketische Bewegung im Europa des 12. und 13. Jahrhunderts.

Chassidismus Von *Baal Schem Tow* im 18. Jh. gegründete Bewegung, die die Seele durch ekstatische Andacht erheben will; heute eine wichtige Strömung im orthodoxen Judentum.

Chesed Die *Sephira* »Liebe« oder »Freundlichkeit«; auch *Gedulla* genannt.

Chokma Die *Sephira* »Weisheit«.

Dewekut (»Eingliederung«) Die mystische Vorstellung, mit Gott zu verschmelzen.

Doppelte Buchstaben Je nach Kontext stimmhafte oder -lose Lettern; in der Mystik Symbol der Ambiguität.

Einfache Buchstaben Hebräische Lettern mit genau einem Klang. In der Kabbala: stabile Bausteine der Schöpfung.

Elohim Der erste in der *Bibel* erwähnte Name Gottes; wörtlich »die Richter«.

En Sof Der unendliche, immaterielle Gott, der vor der Schöpfung existierte.

Ende der Zeit Vorstellung vom Ende der Welt, nach welchem ein Friedensreich entsteht.

Gebura Die *Sephira* »Macht«, auch *Din* (»Urteil«) genannt.

Gemara Teil des *Talmud*; enthält Gesetze, Ideen und Bräuche auf Grundlage der *Mischna*.

Haggada Schrift über den Auszug aus Ägypten, die man zu *Passah* liest.

Halacha Gesamtheit der jüdischen Gesetze und Sitten.

Hekalot-Literatur Schriften über die »himmlischen Hallen«.

Hod Die *Sephira* »Pracht«.

Jesod Die *Sephira* »Fundament«.

JHWH Gottes »wesentlicher« Name, nur einmal im Jahr vom Hohepriester des Tempels ausgesprochen.

Kabbala (»empfangen«, »Überlieferung«) Literarisches Corpus der jüdischen Mystik; Ursprung im Spanien und Frankreich des Mittelalters.

Kawwanot Mystische Übungen, um sich auf das Gebet konzentrieren und Gottes Nähe fühlen zu können.

Kemeja Amulett, oft mit Namen Gottes verziert, um Energie zu empfangen.

Kether Die *Sefira* der »Krone«, auch *Ajin* (»Nichts«) genannt.

Klippot Die Scherben der im Schöpfungsprozess zerborstenen Gefäße; Ursprung des Bösen in der Welt.

Lebensbaum Einer der beiden Bäume im Paradies; stellt dar, wie Gott und die Welt aufeinander einwirken. Der andere Baum ist der Baum der Erkenntnis.

Ma'aseh Bereischit Erklärt im Talmud die »Geheimnisse der Schöpfung«.

Ma'aseh Merkaba Erklärt im Talmud die »Geheimnisse des Thronwagens«, v. a. auf Ezechiels Vision bezogen.

Messias Gesandter Gottes, der die Menschheit erlöst. Oft mit Elias oder Nachfahren König Davids assoziiert.

Midrasch Methode eines Rabbi, mithilfe von Bibelstellen jüdische Gedanken zu lehren.

Mikva rituelles Bad, ursprünglich das der Hohepriester vor ihrem Dienst im Tempel.

Mischna Teil des *Talmuds*, der das in den ersten 1000 Jahren nach der *Bibel* entstandene »Mündliche Gesetz« enthält.

Mutterbuchstaben Die Lettern *Aleph*, *Mem* und *Sin*; sie repräsentieren die Elemente der Schöpfung: Luft, Wasser, Feuer.

Nezach Die *Sephira* »Ewigkeit«.

Parzufim (»Gesichter«) Die männlichen und weiblichen Aspekte des Urmenschen als Abbild der Aspekte Gottes.

Pentateuch Die fünf Bücher Mose (*Torah*).

Sabbat Siebter Tag der Woche, an dem die Menschen Gott am nächsten sind.

Sabbatbraut (-königin) Vorstellung, der Sabbat repräsentiere die Vereinigung der körperlichen und geistigen Welt.

Schechina die *Sephira* der »Gegenwart« Gottes, auch *Malchuth* (Königreich).

Sefer Jezira (*Buch der Formung*) Erstes mystisches Buch, das die *Sephiroth* detailliert beschreibt.

Sephiroth Die zehn Dimensionen oder Energien Gottes, durch die er das Universum schuf und mit den Menschen in Verbindung steht; sie erklären, wie wir funktionieren und Gott erleben.

Schiur Koma-Literatur Will durch besseres Verständnis des menschlichen Wesens Gott näher kommen.

Schiwiti Mit göttlichen Namen oder *Psalmen* verziertes Täfelchen, im Gebet als Konzentrationspunkt benutzt.

Sitra Achra Die »Rückseite«, die negativen Aspekte der *Sephiroth*.

Sohar (Glanz) *Torah*-Kommentar aus dem 14. Jh.; wichtigstes Buch der Kabbala.

Talit Schultertuch mit Fransen an vier Ecken; beim Beten als Symbol dafür getragen, dass Gott die Welt umhüllt.

Talmud Eine der wichtigsten jüdischen Schriften, enthält *Mischna* und *Gemara*.

Tefillin Um Kopf und Arme gebundene Kästchen mit Bibelzitaten, die den Betenden an Gott »binden« sollen.

Tempel Der Erste Tempel, von Salomon im 10. Jh. v. Chr. für die Bundeslade errichtet, wurde 586 v. Chr. zerstört. Einen zweiten, ca. 520 v. Chr. erbauten, vernichteten die Römer 70 n. Chr.

Tifereth Die *Sephira* »Schönheit«, auch *Rachamim* (Mitgefühl) genannt.

Tikkun (»heilen«) Bezeichnet bei Luria die Reparatur der in der Schöpfung zerbrochenen göttlichen Gefäße.

Torah 1) Die fünf Bücher Mose. 2) Die ethischen und rituellen Gesetze des Judentums.

Zimzum Theorie von Isaak Lurias, dem bedeutendsten Kabbalisten, dass *En Sof* sich in sich selbst zurückzog, um Raum für die Schöpfung zu schaffen.

Literaturempfehlungen

Einführungen und Ratgeber

Berg, Yehuda. *Die Macht der Kabbalah.*
München, 2003

Idel, Moshe. *Abraham Abulafia und die mystische Erfahrung.* Frankfurt am Main, 1999

Kaplan, Aryeh. *Meditation und Kabbala.*
Berlin, 1995

Labowitz, Shoni. *Zehn Tore zum Glück.*
München, 1998

Lampert, Vanessa. *Praxisbuch Kabbala.*
München, 2002

Löffler, Ralf. *Gesamtausgabe der Lehrhefte für Kabbala.* Leipzig, 2002

Musaph-Andriesse, Rosetta. *Von der Tora bis zur Kabbala. Eine Einführung.* Göttingen, 1986

Safran, Alexandre. *Die Kabbala, Gesetz und Mystik in der jüdischen Tradition.* Bern/München, 1966

Safran, Alexandre. *Die Weisheit der Kabbala,* Bern/Stuttgart, 1988

Scholem, Gershom. *Die jüdische Mystik in ihren Hauptströmungen.* Frankfurt am Main, 1980

Scholem, Gershom. *Von der mystischen Gestalt der Gottheit: Grundbegriffe der Kabbala.* Frankfurt am Main, 1991

Scholem, Gerschom. *Zur Kabbala und ihrer Symbolik.* Frankfurt am Main, 1995

Zetter, Kim. *Das Geheimnis der Kabbala. Ein Weisheitsbuch.* München, 2005

Die Quellen der Kabbala

Cordovero, Moses. *Tomer Deborah — Der Palmbaum der Deborah.* Freiburg, 2003

Gikatilla, Joseph. *Gates of Light.* Lanham, MD: Altamira, 1998

Scholem, Gerschom. *Das Buch Bahir.* Darmstadt, 1970

Goodman-Thau, Eveline (Hrsg.). *Das Buch Jezira,* übers. v. J. F. von Meyer. Berlin, 2002

Luria, Isaac and Vital, Chaim. *Shaar HaGilgulim: The Gates of Reincarnation.* Thirty Seven Books Publishing, 2003

Müller, Ernst (Hrsg. u. Übers.). *Der Sohar: Das heilige Buch der Kabbala.* München, 1993

Register

Bildnachweis

Der Verlag dankt folgenden Personen, Museen und Bildagenturen für unten stehende Bildrechte.
Sollten darüber hinaus bestehende Urheberrechte berührt sein, bedauern wir dies und werden auf Hinweis kommende Auflagen ändern.

Abkürzungen:
AKG   AKG-images, London
BAL   Bridgeman Art Library, London
BL   British Library, London
Haas   Getty/Stone/Ernst Haas

11 Photolibrary.com/Nathan Bilow; 18 Corbis/Nathan Benn; 20 BAL/BL; 23 AKG/BL; 29 Haas; 32 AKG/Biblioteca Nacional, Madrid; 34 Corbis/Macduff Everton; 39 Haas; 47 Biblioteca Nacional, Lisbon (Ms. Il 72, f.448v); 48 BL; 51 AKG/BL; 55 BL; 56 Haas; 59 AKG/Erich Lessing; 73 Haas; 76 Heritage Image Partnership/BL; 79 BL; 81 Haas; 84 BL; 89 Jewish Museum, London; 90 Corbis/Archivo Iconografico, S.A./Bibliothèque Nationale, Paris; 96 AKG/BL; 97 AKG/Biblioteca Nacional, Madrid; 100 Getty/Stone/Tom Till; 106 Scala/Jewish Museum, New York/The H. Ephraim and Mordecai Benguiat family collection, S4; 112 Photolibrary.com/Jon Arnold; 115 Haas; 120 Art Archive/The Bodleian Library, Oxford (Arch Selden A 6 folio 1v); 124 Corbis/Elio Ciol; 132 Eyewire; 134 AKG/Judaica-Collection Max Berger/Erich Lessing; 137 Getty/Stone/Joerg Hardtke; 141 BL; 143 Magnum Photos, London/Abbas; 147 ©Mordechai Ardon/National Library at the Hebrew University, Jerusalem. photo: Art Directors/Ark Religion/Itzhak Genut